Honoré de Balzac

Ausgewählte Novellen

Band 1

Honoré de Balzac

Ausgewählte Novellen

Band 1

ISBN/EAN: 9783956976544

Auflage: 1

Erscheinungsjahr: 2015

Erscheinungsort: Treuchtlingen, Deutschland

Literaricon Verlag Inhaber Roswitha Werdin, Uhlbergstr. 18, 91757 Treuchtlingen

www.literaricon.de

Dieser Titel ist ein Neudruck eines gemeinfreien Werkes.

Honoré de Balzac

Ausgewählte Novellen

Band 1

Novellen

Sarrasine 7

Vendetta 41

Die Börse 108

SARRASINE

Es ging mir, wie es vielen, selbst oberflächlichen Menschen, geht, wenn sie lärmenden Festen beiwohnen: Ich war in tiefes Träumen versunken. Von der Turmuhr des Élysée-Bourbon schlug es eben Mitternacht. Ich saß in einer Fensternische, die schweren Falten eines Moirévorhangs verbargen mich völlig, und ich konnte so ungestört in den Garten des Palastes hinunterblicken, in dem ich den Abend verbrachte. Die Bäume, auf denen spärlicher Schnee lag, hoben sich undeutlich von dem grauen Hintergrunde des Wolkenhimmels ab, der nur schwach vom Mond erhellt wurde. Vor diesen fantastischen Wolkengebilden sahen sie etwa aus wie Gespenster, die nicht recht von ihrem Laken bedeckt wären, und erinnerten an den grauenhaften Eindruck des berühmten Totentanzes. Und wenn ich mich dann umwandte, konnte ich den Tanz der Lebenden erblicken. In einem strahlenden Saal, dessen Wände von Silber und Gold blitzten, beim Schimmer der Kronleuchter, die unzählige Kerzen trugen, schwebten und flogen in buntem Gewimmel die schönsten, die reichsten, die vornehmsten Damen von Paris in all ihrem glänzenden Staat und ihrer Diamantenpracht. Und Blumen überall: auf dem Kopf, im Haar, an der Brust, an den Gewändern oder in Kränzen zu ihren Füßen. Das leichte Beben, das durch die Körper ging, die weichen, wollüstigen Schritte brachten die Spitzen, die Blenden, die Gaze und Seide, die ihre schlanken Leiber verhüllten, in tanzende Bewegung. Hier und da funkelte ein blitzendes Auge auf, verdunkelte die Lichter und das Feuer der Diamanten und brachte einen Sturm über Herzen, die schon allzu sehr entflammt waren. Man konnte auch beobachten, wie die Liebhaber leise Zeichen der Ermunterung erhielten, während die Ehemänner abweisender Kälte begegneten. Rufe von Spielern bei einer unerwarteten Karte, das Rollen von Gold, die Musik, das Summen der Gespräche, all das erscholl dem Ohr in wirrem Gedränge; und um den verführerischen Zauber, den dieses tolle Fest auf die Gesellschaft übte, voll zu machen, wirkten noch der Dunst der Wohlgerüche und die allgemeine Trunkenheit auf die aufgepeitschten Sinne. So hatte ich zur Rechten das düstere, schweigende Bild des Todes, zur Linken die von der Sitte gebändigten Bacchanalien des Lebens: hier die kalte, düstere, von Trauer umschleierte Natur, dort die Lust der Menschen. Ich hielt mich auf der Grenze dieser beiden so verschiedenen

Gemälde, die sich in den mannigfaltigsten Gestalten in Paris unzählige Male wiederholen und unsere Stadt zur amüsantesten und zugleich zur philosophischsten der Welt machen, und stellte ein seltsames Quodlibet von Ausgelassenheit und Todesstimmung vor. Mit dem linken Fuß folgte ich dem Takt der Musik, und den rechten meinte ich in einem Sarg zu haben. Es ging mir in der Tat, wie es auf Bällen häufig vorkommt: Mein Bein war von der Zugluft, die einem die Hälfte des Körpers fast starr macht, während die andere Hälfte der drückenden Hitze der Säle ausgesetzt ist, wie zu Eis geworden.

»Herr von Lauty besitzt dieses Haus noch nicht lange?«

»O doch. Es sind zehn Jahre her, dass es ihm der Marschall von Garigliano verkauft hat.«

»Ah!«

»Diese Leute müssen ein ungeheures Vermögen besitzen.«

»Das muss wohl so sein.«

»Was für ein Fest! Ein wahrhaft unverschämter Luxus.«

»Halten Sie sie für ebenso reich wie Herrn von Nucingen oder Herrn von Gondreville?«

»Aber wissen Sie denn nicht ...?«

Ich bog den Kopf vor und erkannte die beiden Sprecher als Angehörige der Klasse der Neugierigen, die sich in Paris mit nichts anderm beschäftigt als dem Warum? Wieso? Woher kommt er? Wer sind sie? Was gibt's Neues? Was hat sie angestellt? Sie fingen an leise zu sprechen und entfernten sich, wahrscheinlich um auf einem stillen Sofa ungestörter plaudern zu können. Niemals hatte sich für Leute, die hinter Geheimnissen her sind, eine ergiebigere Ader eröffnet. Kein Mensch hatte eine Ahnung, aus welchem Lande die Familie Lauty gekommen war oder aus welchem Handel, aus welcher Plünderung, aus welchem Raubzug oder welcher Erbschaft ihr Vermögen stammte, das auf mehrere Millionen geschätzt wurde. Alle Angehörigen dieser Familie sprachen Italienisch, Französisch, Spanisch, Englisch und Deutsch so geläufig, dass man annehmen musste, sie hätten sich ziemlich lange in all diesen Ländern aufgehalten. Waren es Zigeuner oder Seeräuber?

»Und wenn es der Teufel wäre«, sagten junge Politiker, »ihr Fest ist wundervoll!«

»Und wenn der Graf von Lauty einen marokkanischen Palast geplündert hätte, seine Tochter nähme ich doch zur Frau!«, rief ein Philosoph.

Wer hätte Marianina nicht zur Frau genommen, dieses sechzehnjährige Mädchen, dessen Schönheit die fantastischen Märchen der orientalischen Dichter zur Wirklichkeit machte! Sie hätte wie die Sultanstochter in dem Märchen von der Wunderlampe verschleiert bleiben dürfen. Ihr Gesang drängte unvollkommene Talente wie die Malibran, die Sonntag oder Fodor in den Hintergrund, bei denen eine Eigenschaft immer hervorsticht und so die Vollkommenheit des Ganzen unmöglich macht, während Marianina Reinheit des Tons, Empfindung, Korrektheit der Stimmführung und der Intonation, Seele und Technik, Kunst und Natur in gleich hohem Maße vereinigte. Das Mädchen war das Urbild der geheimen Poesie, die das einigende Band aller Künste ist und sich stets denen entzieht, die sie suchen. Marianina war sanft und bescheiden, gebildet und seelenhaft, und nichts konnte sie in den Schatten stellen – außer ihrer Mutter. Seid ihr je einer von den Frauen begegnet, deren sieghafte Schönheit dem Ansturm der Jahre trotzt und die mit sechsunddreißig Jahren noch begehrenswerter scheinen, als sie es vielleicht fünfzehn Jahre früher waren? Ihr Antlitz ist eine glühende Seele; es sprüht und strahlt; jeder Zug auf ihm verrät den Geist; aus jeder Pore scheint, besonders beim Licht der Kerzen, ein besonderer Glanz zu dringen. Ihre bezaubernden Augen locken oder weisen ab, sprechen oder schweigen; ihr Gang ist unschuldsvolles Wissen; aus ihrer Stimme bricht der melodische Reichtum von Tönen, die in ihrer sanften Anmut unbeschreiblich verführerisch sind. Ihr Lob, das auf Vergleiche gegründet ist, schmeichelt dem empfindlichsten Stolze. Ein Zucken ihrer Brauen, der unmerklichste Blick, ein Aufwerfen ihrer Lippen, die geringste Bewegung dieser Art macht Männern bange, die diesen Frauen ihr Leben und ihr Glück geweiht haben. Ein junges Mädchen, das keine Erfahrung in der Liebe hat und sich beschwatzen lässt, kann verführt werden; aber für diese Art Frauen muss ein Mann, wie Herr von Jaucourt, lernen, nicht zu schreien, wenn ihm die Zofe, die ihn eiligst in einem Nebengemach verbirgt, mit der Tür, die sie zuwirft, zwei Finger der Hand zerquetscht. Wer diese gefährlichen Sirenen liebt, setzt der nicht sein Leben aufs Spiel? Eben darum lieben wir sie ja vielleicht so glühend! So war die Gräfin von Lauty.

Filippo, Marianinas Bruder, hatte, wie seine Schwester, die Schönheit der Gräfin geerbt. Der junge Mann war, mit einem Wort gesagt, das lebende Bild des Antinous, nur dass er schlanker war. Aber wie gut passt diese Hagerkeit und Zartheit zur Jugend, wenn ein olivenfarbener Teint, buschige Brauen und der samtene Glanz eines feurigen Auges für die Zukunft die Glut des Mannes und ein edles Herz versprechen! So war Filippo im Herzen der jungen Mädchen wie ein Ideal, und zugleich lebte er im Gedächtnis der Mütter als die beste Partie in ganz Frankreich.

Die Schönheit, die Anmut, der Reiz und der Geist dieser beiden Kinder kamen ganz und gar von ihrer Mutter. Der Graf von Lauty war klein, hässlich und pockennarbig, düster wie ein Spanier und langweilig wie ein Bankier. Er galt übrigens als großer Politiker, vielleicht weil er selten lachte und oft Herrn von Metternich oder Wellington zitierte.

Diese geheimnisvolle Familie hatte den ganzen Reiz einer Dichtung von Lord Byron, deren Dunkelheit von jedem Mitglied der Gesellschaft anders gedeutet wurde: ein schwer verständlicher Gesang, der in jeder Strophe herrlich war. Die Zurückhaltung, die Herr und Frau von Lauty über ihren Ursprung, ihre Vergangenheit und ihre Beziehungen zu den vier Weltteilen bewahrten, hätte an sich in Paris nicht lange ein Gegenstand des Staunens zu sein brauchen. In keinem Lande vielleicht wird der Ausspruch Vespasians besser verstanden. Hier verrät das Geld, selbst wenn es mit Blut oder Schmutz befleckt ist, nichts und vertritt alles. Wenn die vornehme Welt nur die Ziffer deines Vermögens kennt, dann rangierst du unter den Summen, die dir ebenbürtig sind, und kein Mensch fragt dich nach deinen Pergamenten, weil jeder weiß, wie wenig sie kosten. In einer Stadt, in der die sozialen Fragen mit Hilfe von algebraischen Gleichungen gelöst werden, haben Abenteurer vortreffliche Aussichten. Selbst wenn man annahm, dass diese Familie zu den Zigeunern gehörte, konnte ihr die vornehme Welt um ihres Reichtums und ihrer Vorzüge willen ihre kleinen Geheimnisse sehr wohl verzeihen. Aber unglücklicherweise bot die rätselhafte Geschichte des Hauses Lauty, ähnlich den Romanen von Anna Radcliffe, der Neugier fortwährend neuen Stoff.

Beobachter – solche Leute, die wissen wollen, in welchem Geschäft man seine Kandelaber kauft, oder die einen nach der Höhe des Mietpreises fragen, wenn die Wohnung ihnen gefällt – hatten von Zeit zu Zeit bei den Festen, Konzerten, Bällen, Gesellschaften, die die Gräfin gab, eine seltsame Persönlichkeit auftauchen sehen. Das erste Mal sah man den Mann bei einem Konzert, und die zauberhafte Stimme Marianinas schien ihn in den Saal gezogen zu haben.

»Jetzt eben ist mir kalt geworden«, sagte eine Dame, die in der Nähe der Tür saß, zu ihrer Nachbarin.

Der Unbekannte, der neben der Dame stand, entfernte sich. »Das ist sonderbar: jetzt ist mir heiß!«, sagte die Dame, nachdem der Fremde gegangen war. »Sie halten mich vielleicht für närrisch, aber ich kann mir nicht helfen, ich muss glauben, dass mein Nachbar, der schwarz gekleidete Herr, der eben weggegangen ist, mich frieren gemacht hat.«

Bald veranlasste die Neigung, zu übertreiben, die man bei den Menschen der vornehmen Welt so häufig trifft, dass die komischsten Meinungen, die absonderlichsten Reden, die lächerlichsten Geschichten über die geheimnisvolle Persönlichkeit aufkamen und immer toller wurden. Er war nicht gerade ein Vampir, eine Gule, ein künstlicher Mensch, eine Art Faust oder Wilder Jäger, aber er hatte, wenn man den Leuten, die gruselige Geschichten liebten, glauben wollte, von all diesen Dämonen in Menschengestalt etwas. Hier und da trafen sich Deutsche, die diese erfinderischen Scherze der bösen Zungen in Paris für bare Münze nahmen. Der Fremde war ganz einfach ein alter Mann. Manche von den jungen Leuten, die es sich zur Gewohnheit gemacht haben, jeden Morgen mit einigen zierlichen Sätzen die Entscheidung über die Zukunft Europas zu treffen, wollten in dem Unbekannten einen großen Verbrecher und den Besitzer ungeheurer Reichtümer sehen. Romanschreiber erzählten das Leben des alten Mannes und gaben wahrhaft erstaunliche Einzelheiten über die Grausamkeiten zum Besten, die er in der Zeit begangen haben sollte, als er im Dienste des Fürsten von Mysore stand.

»Bah«, sagten sie und zuckten mitleidig mit ihren breiten Schultern, »der kleine alte Kerl ist ein Genueser Kopf!«

»Und wäre es zu viel verlangt, Sie um die Freundlichkeit zu bitten, zu erklären, was Sie unter einem Genueser Kopf verstehen?«

»Mein Bester, das ist einfach ein Mann, auf dessen Leben ungeheure Kapitalien begründet sind und von dessen Gesundheit jedenfalls die Einkünfte dieser Familie abhängen. Ich erinnere mich, bei Frau d'Espard einen Magnetiseur gehört zu haben, der mit sehr bestechenden Gründen bewies, dass dieser Alte, wenn man ihn bei Lichte besieht, der berühmte Balsamo ist, der sich Cagliostro nannte. Nach der Aussage dieses modernen Alchimisten wäre der sizilianische Abenteurer dem Tode entronnen und vergnügte sich damit, für seine Enkelkinder Gold zu machen. Der Amtmann von Ferette aber behauptete, er hätte in dem seltsamen Wesen den Grafen von Saint-Germain erkannt.«

Diese Albernheiten, die mit dem witzigen Ton und den spöttischen Mienen vorgebracht wurden, die heutzutage für unsere Gesellschaft, der es an Glauben fehlt, charakteristisch sind, hielten das Haus Lauty in einem unbestimmten Verdacht. Schließlich rechtfertigten die Glieder dieser Familie durch ein seltsames Zusammentreffen von Umständen die Vermutungen der Gesellschaft, indem sie ein recht sonderbares Verhalten gegen den alten Mann zeigten, dessen Leben sich allen Nachforschungen zu entziehen schien.

Wenn der Mann die Schwelle des Zimmers überschritt, das er, wie man annahm, im Hause Lauty bewohnte, erregte sein Erscheinen immer eine große Aufregung in der Familie. Es machte den Eindruck eines wichtigen Ereignisses. Filippo, Marianina, Frau von Lauty und ein alter Diener hatten allein den Vorzug, dem Unbekannten beim Gehen, beim Aufstehen, beim Hinsetzen helfen zu dürfen. Jeder achtete auf seine kleinsten Bewegungen. Er schien ein verzaubertes Wesen zu sein, von dem das Glück, das Leben und das Vermögen aller abhing. War es Furcht oder Zärtlichkeit? Die Gesellschaft konnte kein Anzeichen herausfinden, das ihr geholfen hätte, diese Frage zu lösen. Dieser Hausgeist schien ganze Monate hindurch in einem verborgenen Allerheiligsten versteckt zu sein, dem er dann plötzlich, wie verstohlen, unerwartet entstieg, um gleich den Feen aus alten Zeiten, die auf ihren fliegenden Drachen angeritten kamen und die Feste störten, zu denen sie nicht eingeladen waren, mit einem Male mitten in den Gemächern zu erscheinen. Auch geübtere Beobachter konnten die Unruhe der Hausbewohner, die ihre Gefühle mit bemerkenswerter Geschicklichkeit zu verbergen verstanden, nur erraten. Aber manchmal warf Marianina, die noch zu naiv war, während sie in einer Quadrille tanzte, einen ängstlichen Blick auf den Alten, den sie aus all den Gruppen herausfand. Oder Filippo schlängelte sich rasch durch die Menge, um zu ihm zu eilen, blieb bei ihm und schien zart und behutsam für ihn zu sorgen, wie wenn die Berührung mit den Menschen oder der leiseste Hauch das sonderbare Wesen zerbrechen könnte. Die Gräfin suchte sich ihm zu nähern, ohne dass es den Anschein haben sollte, als ob sie ihn aufgesucht hätte; dann nahm sie eine Haltung und einen Ausdruck an, in denen ebenso viel Demut wie Zärtlichkeit, Unterwürfigkeit wie Tyrannei lag, und sprach ein paar Worte zu ihm, denen sich der Alte fast immer fügte: sie führte, oder besser gesagt, schleppte ihn fort, und er war verschwunden. Wenn Frau von Lauty nicht da war, bot der Graf eine Menge Kriegslisten auf, um an ihn heranzukommen; aber auf ihn schien der Alte nicht recht zu hören, und der Graf behandelte ihn wie ein verzogenes Kind, dessen Launen die Mutter nachgibt oder dessen Unarten sie fürchtet. Als einige Indiskrete sich herausgenommen hatten, den Grafen von Lauty keck auszufragen, machte der kühle und zurückhaltende Mann den Eindruck, als ob er von den Fragen der Neugierigen nichts verstünde. Daher bemühte sich denn auch nach so vielen Versuchen, die die Vorsicht aller Glieder dieser Familie vereitelt hatte, niemand mehr, hinter dieses Geheimnis, das so wohl behütet war, zu kommen. Die Salonspione, Aufpasser und Diplomaten waren schließlich des Kampfes müde und hatten es aufgegeben, sich mit dem Geheimnis zu beschäftigen. Aber trotzdem gab es vielleicht in diesem Augenblick in den strahlenden Gemächern Philosophen, die, während sie ein Eis, ein Sorbett nahmen oder ihr leeres Punschglas wegstellten, unter sich sagten: »Ich würde mich nicht wundern, wenn ich hörte, dass diese Leute Spitzbuben sind. Dieser Alte, der sich verborgen hält und nur zur Tag-und-Nacht-Gleiche oder zur Sonnenwende auftaucht, sieht mir ganz wie ein Mörder aus ...« - »Oder wie ein Bankrottierer ...« - »Das ist kein großer Unterschied. Einem Menschen das Vermögen rauben ist oft schlimmer, als ihm das Leben nehmen.« - »Hören Sie, ich habe zwanzig Louisdor gesetzt, ich muss vierzig bekommen!« - »Ja, was hilft's, es liegen doch nur dreißig im Spiel.« - »Da sehen Sie, was hier für eine gemischte Gesellschaft ist. Man kann nicht einmal spielen.« - »Ganz richtig ... Aber nun ist es schon bald ein halbes Jahr her, dass wir den großen Geist nicht gesehen haben. Glauben Sie, dass er ein lebendiges Wesen ist?« - »Ja ... höchstens ...«

Diese Worte wurden in meiner Nähe von Unbekannten gesprochen, die in dem Augenblick weggingen, wo ich eben meine Betrachtungen, die aus Schwarz und Weiß, aus Leben und Tod gemischt waren, in einem letzten Bilde zusammenfassen wollte. Meine überspannte Fantasie sah, ebenso wie es meine Augen taten, abwechselnd auf das Fest, das jetzt auf dem Gipfel seines Glanzes angelangt war, und auf das düstere Bild der Gärten. Ich weiß nicht, wie lange ich über diese beiden Seiten der Medaille des Menschenlebens grübelte; plötzlich jedoch weckte mich das unterdrückte Lachen einer jungen Dame. Ich war bei dem Anblick des Bildes, das sich meinen Augen bot, sprachlos. Wie durch eine Laune der Natur schien das Bild der Halbtrauer, das ich im Hirn gewälzt hatte, daraus entsprungen zu sein und nun leibhaft vor mir zu stehen, wie Minerva groß und stark dem Haupte Jupiters entstieg; es schien zu gleicher Zeit hundert Jahre und zweiundzwanzig Jahre alt zu sein, war tot und lebendig auf einmal. Der kleine Alte schien, wie ein Geisteskranker aus seiner Zelle, aus seinem Zimmer ausgebrochen zu sein und hatte sich offenbar hinter einer lebendigen Hecke von Personen, welche aufmerksam dem Gesang Marianinas lauschten, die eben die Kavatine aus ›Tankred‹ zu Ende sang, geschickt herangeschlichen. Es machte den Eindruck, als ob er mithilfe einer Theatermaschinerie aus dem Boden gestiegen wäre. Er stand starr und düster da und schaute auf dieses Fest, dessen Brausen vielleicht zu seinen Ohren gedrungen war. Seine fast nachtwandlerische Benommenheit war so inständig den Dingen zugewandt, dass er mitten unter den Menschen stand, ohne die Menschen zu sehen. Ohne viel Federlesens war er neben einer der entzückendsten Frauen von Paris aufgetaucht, einer eleganten jungen Dame von überaus zarten Formen und einem Gesicht, das so frisch und rosig wie das eines Kindes und so durchsichtig war, dass der Blick eines Mannes hindurchzugehen schien, wie die Sonnenstrahlen durch blankes Glas. Und so standen die beiden nun vereinigt und so dicht beisammen vor mir, dass der Unbekannte das wallende Gazekleid, die Blumengewinde und das leicht gekrauste Haar streifte.

Ich hatte die junge Dame zu Frau von Lauty auf den Ball geführt. Da sie zum ersten Mal in dieses Haus gekommen war, verzieh ich ihr das unterdrückte Lachen; aber ich gab ihr schnell ein so lebhaftes und eindringliches Zeichen, dass sie ganz verdutzt wurde und Respekt vor ihrem Nachbarn bekam. Sie setzte sich neben mich. Der Alte wollte das entzückende Geschöpf nicht verlassen; er hängte sich vielmehr mit der stummen Hartnäckigkeit, die, ohne dass man ihren Grund kennt, unverkennbar ist und die man bei überalten Menschen, die dadurch wieder den Kindern gleich werden, oft findet, an sie an. Um sich neben sie setzen zu können, musste er einen Klappsessel heranziehen. All seine Bewegungen zeigten die kalte Schwerfälligkeit, die stumpfe Unentschlossenheit, die für das Wesen der Paralytiker kennzeichnend sind. Er setzte sich langsam und vorsichtig auf seinen Stuhl und murmelte dabei ein paar Worte, die man nicht verstehen konnte. Seine gebrochene Stimme erinnerte an das Geräusch eines Steines, der in einen Brunnen fällt. Die junge Dame drückte heftig meine Hand, wie wenn sie sich vor einem Abgrund retten wollte, und ein Schauder überlief sie, als der Mann, auf den sie gerade blickte, sie mit zwei Augen, denen jede Wärme fehlte, mit erloschenen meergrünen Augen ansah, die man nur stumpfer Perlmutter vergleichen konnte.

»Ich fürchte mich!«, flüsterte sie mir ins Ohr.

»Sie können laut reden«, erwiderte ich, »er ist sehr schwerhörig.«
»Sie kennen ihn also?«
»Ja.«

Sie fand jetzt so viel Mut, diese Gestalt, für die die menschliche Sprache keinen Namen hat, diese stofflose Form, dieses leblose Wesen oder passive Leben einen Augenblick zu betrachten. Sie stand unter dem Banne jener ängstlichen Neugier, die die Frauen dazu bringt, sich gefährliche Erregungen zu verschaffen, gefesselte Tiger anzusehen und auf Schlangen zu starren und dabei die Furcht zu empfinden, nur durch ein schwaches Gitter von ihnen getrennt zu sein. Der Rücken des kleinen Alten war gekrümmt wie der eines Tagelöhners; aber man sah doch noch, dass er ursprünglich gerade gewachsen war.

Seine außergewöhnliche Magerkeit und seine dünnen Glieder zeigten, dass er immer schlank gebaut gewesen war. Er hatte Kniehosen aus schwarzer Seide an, die faltig, wie ein Segel ohne Wind, um seine dürren Beine hingen. Ein Anatom hätte schnell die Zeichen einer schrecklichen Auszehrung erkannt, wenn er diese schwachen Beine gesehen hätte, die den seltsamen Körper tragen sollten. Es sah aus wie zwei Knochen, die wie ein altes Kreuz auf einem Grab standen. Ein grässliches Gefühl für die Hinfälligkeit des Menschen ergriff einem das Herz, wenn man bei näherem Zusehen bemerkte, wie verfallen vor Alter diese gebrechliche Maschine geworden war. Der Unbekannte trug eine weiße, goldgestickte Weste, wie sie ehedem Mode war, und seine Wäsche war blendend weiß. Ein rotgelbes Spitzenjabot, das so prächtig war, dass es den Neid einer Königin erregen konnte, zierte seine Brust: Aber auf ihm wirkte diese Spitze eher wie ein Lappen als wie ein Schmuck. Auf diesem Busenstreifen funkelte ein Diamant von unschätzbarem Wert. Dieser vorsintflutliche Luxus, dieser äußerliche und abgeschmackte Pomp machten das Gesicht der grotesken Gestalt nur noch auffallender. Der Rahmen passte zu dem Bildnis. Dieses schwarze Gesicht war in allen Richtungen ausgehöhlt und winklig. Das Kinn war hohl, die Schläfen waren hohl, die Augen schlotterten in vergilbten Höhlen. Die Kinnbacken sprangen infolge der unbeschreiblichen Magerkeit scharf hervor, über ihnen aber waren Löcher in jeder Backe. So waren in dem Gesicht Berge und Schluchten, und je nachdem das Licht darauffiel, entstanden seltsame Schatten und Reflexe, die ihm noch vollends das Aussehen eines menschlichen Antlitzes nahmen. Dann hatten die Jahre die gelbe und dünne Haut dieses Gesichtes so stark auf die Knochen gepresst, dass eine Unzahl Falten entstand, die entweder kreisförmig übereinanderlagen, wie die kleinen Wellen im Wasser, wenn ein Kind einen Kiesel hineingeworfen hat, oder die sternförmig waren, wie wenn eine Scheibe zertrümmert worden ist; aber immer waren sie tief und so dicht beisammen wie die Blätter am Schnitt eines Buches. Es mag Greise geben, deren Erscheinung noch abstoßender ist; was jedoch am meisten dazu beitrug, dem Gespenst, das uns so plötzlich erschienen war, den Anschein eines künstlichen Gebildes zu geben, war das Rot und das Weiß, das auf ihm glänzte. Seine Larve war genügend beleuchtet, dass man die sorgfältig ausgeführte Malerei erkennen konnte. Für den Beschauer, den der Anblick eines solchen Verfalls düster stimmen mochte, war es noch ein Glück, dass der leichenhafte Schädel unter einer blonden Perücke verborgen war, deren zahllose Locken eine außergewöhnliche Eitelkeit verrieten. Die weibische Gefallsucht dieser märchenhaften Gestalt wurde überdies deutlich genug von den goldenen Ohrringen und von den Ringen bekundet, deren wunderbare Steine an seinen Knochenfingern glänzten; außerdem trug er eine Uhrkette, die blitzte wie die Diamantenschnüre am Hals einer Frau. Schließlich hatte diese Art japanischer Götze ein stereotypes Lächeln auf seinen bläulichen Lippen, das grausam und höhnisch war wie das Grinsen eines Totenkopfes. Er saß schweigsam und unbeweglich da, und ein muffiger Duft ging von ihm aus, wie von alten Kleidern, die etwa die Erben einer Herzogin bei der Aufnahme des Nachlasses aus alten Schubladen wie aus einem verschlossenen Grabe nähmen. Wenn der Greis seine Augen der Gesellschaft zuwandte, sah es so aus, als ob diese Kugeln, aus denen kein Funke strahlte, sich mithilfe eines verborgenen Apparates hin und her drehten; und wenn die Augen stillstanden, konnte niemand glauben, dass sie sich je bewegt hätten. Sah man nun neben diesem Wrack eines Menschen ein junges Weib, dessen Hals, Arme und Brust nackt und strahlend waren, dessen volle und blühende Formen, dessen Haar, das anmutig über der alabasternen Stirn lag, zur Liebe verführen mussten, dessen Augen das Licht nicht zu empfangen, sondern auszustrahlen schienen, das hold und frisch war und dessen duftige Locken, dessen balsamischer Atem zu schwer, zu stark, zu mächtig schienen für diesen Schatten, diesen aus Staub geborenen, zu Staub werdenden Menschen: o, das war fürwahr der Tod und das Leben, das Bild meines Denkens, eine Fantasiegestalt, eine Schimäre, die zur Hälfte widerwärtig und von den Hüften an ein göttliches Weib war.

›Und dabei gibt es in der vornehmen Welt oft genug derlei Ehen‹, sagte ich mir.

»Er riecht nach dem Kirchhof!« rief das junge Weib fassungslos. Sie drängte sich an mich, wie um Schutz bei mir zu suchen; ich merkte an ihren wilden Gebärden, dass sie große Angst ausstand. »Das ist ein schauderhafter Anblick«, fuhr sie fort, »ich werde hier nicht lange bleiben können. Wenn ich ihn noch eine Weile sehe, glaube ich wahrhaftig, dass der Tod in Person gekommen ist, um mich zu holen. Lebt er denn überhaupt?«

Mit der Kühnheit, die die Frauen aus der Heftigkeit ihrer Triebe schöpfen, legte sie die Hand auf die Gestalt; aber kalter Schweiß brach aus ihren Poren, denn kaum hatte sie den Alten berührt, als sie einen Schrei wie den eines Habichts hörte. Diese scharfe Stimme, wenn das überhaupt Stimme zu nennen war, entrang sich einer fast vertrockneten Kehle. Diesem Ruf folgte rasch ein krampfhaftes Kinderhüsteln, das ganz absonderlich schneidend klang. Bei diesem Geräusch warfen uns Marianina, Filippo und Frau von Lauty Blicke zu, die wie Blitze waren. Das junge Weib neben mir wünschte sich unter die Erde. Sie fasste mich beim Arm und zog mich in ein Boudoir. Alle, Männer und Frauen, machten uns Platz. Als wir am Ende der Empfangsräume angelangt waren, traten wir in ein kleines, halbkreisförmiges Gemach. Meine Gefährtin warf sich auf einen Diwan. Sie zitterte vor Angst und wusste nicht, wo sie war.

»Meine Gnädigste, Sie sind außer sich«, sagte ich zu ihr.

»Aber«, versetzte sie nach einem Augenblick des Schweigens, in dem ich Zeit hatte, sie bewundernd anzublicken, »was kann ich dafür? Warum lässt Frau von Lauty in ihrem Palast Gespenster umgehen?«

»Nun, nun«, antwortete ich, »stellen Sie sich nicht so töricht an. Sie halten ein altes Männchen für ein Gespenst.«

»Schweigen Sie!«, erwiderte sie mit der gebieterischen und spöttischen Miene, die alle Frauen so gut anzunehmen verstehen, wenn sie recht haben wollen. »Welch hübsches Boudoir!«, rief sie und blickte sich um. »Blauer Satin tut immer eine prächtige Wirkung als Wandbekleidung. Wie er leuchtet! O, das schöne Gemälde!« Sie stand rasch auf und stellte sich vor ein Bild, das in prächtigem Rahmen an der Wand hing.

Wir blieben einen Augenblick vor diesem wunderbaren Gemälde, das einem überirdischen Pinsel zu entstammen schien, in stummer Betrachtung versunken. Das Bild stellte Adonis vor, der auf einem Löwenfell ausgestreckt liegt. Die Lampe, die in der Mitte des Boudoirs hing und von einem Schirm aus Alabaster umschlossen war, beleuchtete die Leinwand mit einem milden Schimmer, der hell genug war, dass wir alle Schönheiten des Gemäldes gewahren konnten.

»Lebt wirklich ein so vollkommenes Wesen?«, fragte sie mich, nachdem sie, nicht ohne ein holdes Lächeln der Befriedigung, die köstliche Anmut der Linien, die Haltung, die Farbe, das Haar, kurz, alles besichtigt hatte. »Er ist zu schön für einen Mann!«, entschied sie, nachdem sie das Bild einer Prüfung unterzogen hatte, wie sie etwa eine mit einer Nebenbuhlerin hätte anstellen können. O, wie spürte ich jetzt, wie ich von eben der Eifersucht gepackt wurde, von der mir ein Dichter gesprochen hatte und an die ich damals nicht glauben wollte: der Eifersucht auf Zeichnungen, Bilder, Statuen, in denen die Künstler die Menschen infolge einer Lehre, die sie dazu bringt, alles zu idealisieren, schöner darstellen, als sie sind.

»Es ist ein Porträt«, antwortete ich ihr; »wir verdanken es dem Pinsel von Vien. Aber der große Künstler hat das Original nie gesehen, und Ihre Bewunderung wird vielleicht etwas geringer werden, wenn Sie erfahren, dass das Bild nach einer weiblichen Statue gemalt wurde.«

»Aber wen stellt es vor?«

Ich zögerte.

»Ich will es wissen!«, fügte sie in entschiedenem Tone hinzu.

»Ich glaube«, sagte ich schließlich, »dieser Adonis stellt einen ... einen ... einen Verwandten der Frau von Lauty vor.«

Ich hatte den Schmerz, sie in die Betrachtung dieser Gestalt versunken zu sehen. Sie saß schweigend da, ich setzte mich neben sie und ergriff ihre Hand, ohne dass sie es merkte. Um eines Bildnisses willen vergessen! In diesem Augenblick hörte man in dem Schweigen das leise Geräusch von Schritten eines weiblichen Wesens, dessen Kleid rauschte. Die junge Marianina trat ein. Der Ausdruck der Unschuld auf ihrem Antlitz war noch strahlender als ihre Anmut und ihr reizendes Gewand; sie ging langsam und führte mit mütterlicher Sorgfalt und kindlicher Beflissenheit das angekleidete Gespenst, das uns aus dem Musikzimmer vertrieben hatte; während sie ihn geleitete, blickte sie mit einiger Unruhe auf ihn. So gelangten sie ziemlich beschwerlich an eine geheime Tapetentür. Marianina pochte leise. Sofort tauchte, wie durch Zauberwerk, ein großer, hagerer Mann, eine Art Hausgeist, auf. Bevor das schöne Kind diesem geheimnisvollen Wärter den wandelnden

Leichnam übergab, küsste sie ihn ehrerbietig, und dieser keuschen Berührung fehlte es nicht an der liebevollen Zärtlichkeit, die das Geheimnis weniger bevorzugter Frauen ist.

»Addio, addio!«, sagte sie mit dem holdesten Tone ihrer jungen Stimme.

Sie versah sogar die letzte Silbe mit einem Triller, den sie entzückend, aber mit leiser Stimme ausführte; es klang, als wenn sie mit den Ausdrucksmitteln der Kunst das Überströmen ihres Herzens schildern wollte. Der Alte schien von irgendeiner Erinnerung überfallen zu werden und blieb auf der Schwelle des geheimen Gemachs stehen. In der völligen Stille, die herrschte, hörten wir einen schweren Seufzer aus seiner Brust kommen; er zog den schönsten der Ringe, die er an seinen dürren Fingern trug, ab und barg ihn in Marianinas Busen. Die kleine Närrin lachte, holte den Ring heraus, steckte ihn über dem Handschuh an einen Finger und wandte sich rasch dem Salon zu, von dem eben das Vorspiel eines Kontertanzes herklang. Da sah sie uns.

»O, Sie waren hier!«, rief sie errötend.

Sie sah uns forschend an; nach einem Augenblick jedoch hüpfte sie mit der ganzen Sorglosigkeit ihrer Jahre ihrem Tänzer entgegen.

»Was hat das zu bedeuten?«, fragte mich meine junge Partnerin; »ist er ihr Gatte? Ich glaube zu träumen. Wo bin ich?«

»Sie«, antwortete ich, »Sie, meine Gnädigste, die Sie außer sich sind, Sie, die Sie die unmerklichsten Regungen so gut verstehen und im Herzen eines Mannes das zarteste Gefühl zum Wachsen bringen, ohne ihn zu beugen, ohne ihn vom ersten Tag an zu zerbrechen, Sie, die Sie sich der Herzensqualen erbarmen und mit dem Geist einer Pariserin das glühende Herz einer Italienerin oder Spanierin verbinden ...«

Sie musste merken, dass meine Rede voll herber Ironie war; sie tat aber, als hörte sie es nicht, und unterbrach mich mit den Worten: »O, Sie machen mich so, wie Sie mich haben möchten. Seltsame Tyrannei! Sie wollen, ich soll nicht ich sein.«

»O, ich will nichts!«, rief ich. Ihre Strenge erschreckte mich. »Ist es wenigstens wahr, dass Sie gern der Geschichte der wilden Leidenschaften zuhören, die in unsern Herzen von den entzückenden Frauen des Südens erzeugt werden?«

»Ja. Und ...?«

»Nun, dann will ich morgen Abend gegen neun Uhr zu Ihnen kommen und Ihnen dieses Geheimnis enthüllen.«

»Nein«, versetzte sie mit einer Miene, die entzückend eigensinnig war, »ich will es sofort erfahren!«

»Sie haben mir noch nicht das Recht gegeben, zu gehorchen, wenn Sie sagen: Ich will.«

»Jetzt«, erwiderte sie mit einer Koketterie, die einen zur Verzweiflung treiben konnte, »habe ich das heftigste Verlangen, dieses Geheimnis zu erfahren. Morgen werde ich Ihnen vielleicht kaum zuhören ...«

Sie lächelte, und wir trennten uns; sie so stolz, so abweisend wie immer und ich genau so lächerlich wie immer. Sie hatte die Kühnheit, mit einem jungen Adjutanten einen Walzer zu tanzen, und ich war abwechselnd wütend, melancholisch, hingerissen, verlangend und eifersüchtig.

»Auf morgen!«, rief sie mir zu, als sie gegen zwei Uhr morgens den Ball verließ.

›Ich werde nicht hingehen‹, dachte ich, ›und ich gebe dich auf. Du bist vielleicht noch tausendmal launischer und wetterwendischer ... als meine Fantasie.‹

Am nächsten Tage saßen wir zwei vor einem guten Feuer in einem eleganten kleinen Salon. Sie saß auf einem Sofa und ich, fast zu ihren Füßen, auf Kissen und sah zu ihr auf. Auf der Straße war alles ruhig. Die Lampe verbreitete ein mildes Licht. Es war ein Abend, wie sie der Seele so köstlich sind, einer der Augenblicke, die man nie wieder vergisst, eine der Stunden voller Frieden und Verlangen, nach deren Zauber man sich später, selbst wenn es einem viel besser geht, immer zurücksehnt. Wer kann die lebhaften Eindrücke der ersten Regungen der Liebe aus seinem Gedächtnis tilgen?

»Fangen Sie an«, sagte sie, »ich höre!«

»Ich wage nicht recht zu beginnen. Das Abenteuer hat Abschnitte, die für den Erzähler gewagt sind. Wenn ich begeistert werde, werden Sie mich schweigen heißen.«

»Sprechen Sie!«

»Ich gehorche.«

»Ernest Jean Sarrasine war der einzige Sohn eines Sachwalters in der Franche-Comté«, fing ich nach einer Pause an. »Sein Vater hatte es schlecht und recht zu sechs- bis achttausend Livres Rente gebracht, was ehemals in der Provinz als Vermögen eines Anwalts für ganz riesig galt. Der alte Herr Sarrasine, der nur das eine Kind hatte, wollte es für seine Erziehung an nichts fehlen lassen: Er hatte die Hoffnung, einen Beamten aus ihm zu machen und lange genug zu leben, um zu sehen, wie der Enkel des Mathieu Sarrasine, der ein Ackersmann in der Gegend von Saint-Dié gewesen war, sich auf die Lilienstühle setzte und zum Ruhme des Parlamentshofes in der Sitzung schlief. Aber der Himmel bereitete dem biederen Sachwalter diese Freude nicht. Der junge Sarrasine, der frühzeitig den Jesuiten zur Erziehung anvertraut worden war, bekundete ein Wesen von außergewöhnlicher Heftigkeit. Er hatte die Kindheit eines genialen Menschen. Er wollte nur studieren, wenn er Lust dazu hatte, war oft widerspenstig und blieb manchmal lange Stunden in wirre Träume versunken; bald beschäftigte er sich damit, seinen Kameraden beim Spiele zuzusehen, bald vergegenwärtigte er sich die Helden Homers. Fiel es ihm dann wieder ein, sich zu zerstreuen, so gab er sich den Spielen mit ungewöhnlicher Leidenschaft hin. Wenn zwischen einem Kameraden und ihm ein Streit entstand, ging der Kampf selten ohne Blutvergießen aus. Wenn er der Schwächere war, biss er zu. Er war hintereinander zugreifend und passiv, täppisch oder zu klug, und sein seltsamer Charakter machte ihn bei seinen Lehrern ebenso gefürchtet wie bei seinen Kameraden. Anstatt die Elemente der griechischen Sprache zu lernen, zeichnete er den ehrwürdigen Pater, der ihnen eine Stelle aus Thukydides erklärte, machte er eine Skizze vom Mathematiklehrer, vom Präfekten, von den Dienern, vom Zuchtmeister und verschmierte alle Wände mit unförmlichen Entwürfen. Anstatt in der Kirche das Lob des Herrn zu singen, vergnügte er sich während des Messamtes damit, an einer Bank zu schnitzeln oder, wenn es ihm gelungen war, ein Stück Holz zu erwischen, die Gestalt eines Heiligen zu schnitzen. Wenn er kein Holz, keinen Stein oder Bleistift hatte, modellierte er seine Einfälle aus weichem Brot. Ob er nun die Gestalten auf den Bildern kopierte, mit denen der Chor geschmückt war, oder ob er improvisierte, immer hinterließ er auf seinem Platz gröbliche Skizzen, deren freche Unverhülltheit die jüngeren ehrwürdigen Väter zur Verzweiflung brachte; und böse Zungen behaupteten, dass die älteren Jesuiten darüber lächelten. Endlich wurde er, wenn man der Chronik des Kollegs Glauben schenken darf, davongejagt, weil er, um sich an einem Karfreitag, als er wartete, bis er zum Beichten darankam, die Zeit zu vertreiben, aus einem großen Scheit Holz einen Christus geschnitzt hatte. Die Gottlosigkeit, die in dieser Statue zum

Ausdruck kam, war zu groß, dem Künstler keine Züchtigung zuzuziehen. Hatte er nicht die Frechheit gehabt, diese recht zynische Figur auf das Tabernakel zu stellen? Sarrasine begab sich nach Paris, um den Drohungen der väterlichen Verfluchung zu entrinnen. Er hatte einen starken Willen, einen von denen, die kein Hindernis kennen; er gehorchte dem Befehl seines Genies und trat in das Atelier Bouchardons ein. Er arbeitete den ganzen Tag und ging abends betteln, um seinen Unterhalt zu finden. Bouchardon, der über die Fortschritte und den Geist des jungen Künstlers entzückt war, erriet bald, in welchem Elend sein Schüler sich befand; er unterstützte ihn, gewann ihn lieb und behandelte ihn wie sein eigenes Kind. Als sich dann das Genie Sarrasines in einem der Werke offenbart hatte, in denen das künftige Talent noch gegen die hitzige Gärung der Jugend kämpft, versuchte der wackere Bouchardon, ihn wieder mit seinem Vater zu versöhnen. Vor der Autorität des berühmten Bildhauers besänftigte sich der Zorn des Vaters. Ganz Besançon beglückwünschte sich, dass es die Geburtsstadt eines großen Mannes der Zukunft war. Im ersten Augenblick der Begeisterung, in die seine geschmeichelte Eitelkeit den geizigen Sachwalter versetzte, gab er seinem Sohne die Mittel, anständig in der Welt auftreten zu können. Die langen und mühsamen Studien, die für die Bildhauerei nötig sind, zügelten das stürmische Naturell und den heftigen Charakter Sarrasines für lange Zeit. Bouchardon, der ahnen mochte, mit welcher Heftigkeit die Leidenschaften in dieser jungen Seele kochten, die vielleicht eine so gewaltsame Natur hatte wie Michelangelo, erstickte ihre Wildheit unter unablässigem Arbeiten. Es gelang ihm, die ungewöhnliche Heftigkeit, die in Sarrasine lebte, in die rechten Schranken zu zwingen, indem er ihm zu arbeiten verbot und ihn anhielt, sich zu zerstreuen, wenn er sah, wie das Feuer eines Gedankens ihn fast außer sich brachte, oder indem er ihm wichtige Arbeiten übertrug, wenn er nahe daran war, sich einem wüsten Leben zu überlassen. Aber gegen diese glühende Seele war die Sanftmut immer die mächtigste Waffe, und der Meister erlangte vor allem dadurch große Gewalt über seinen Schüler, dass er durch väterliche Güte seine Dankbarkeit erregte.

Im Alter von zweiundzwanzig Jahren wurde Sarrasine durch die Umstände dem heilsamen Einfluss, den Bouchardon auf sein Wesen und seine Gewohnheiten ausübte, entzogen. Er erlangte den Lohn für sein Genie, indem er den Skulpturpreis gewann, den der Marquis von Marigny, der Bruder der Frau von Pompadour, der so viel für die Künste tat, gestiftet hatte. Diderot rühmte die Statue von Bouchardons Schüler als ein Meisterwerk. Nicht ohne tiefen Schmerz ließ der Bildhauer des Königs den jungen Mann nach Italien ziehen, dessen völlige Unerfahrenheit in allen Fragen des Lebens er absichtlich und aus Prinzip erhalten hatte. Sarrasine war sechs Jahre lang Bouchardons Tischgenosse gewesen. Er war ein Fanatiker der Kunst, wie es später Canova gewesen ist, stand mit Tagesanbruch auf, ging ins Atelier, verließ es erst, wenn es Nacht wurde, und lebte nur seiner Muse. Wenn er in die Comédie-Française ging, wurde er von seinem Meister hingeschleppt. Er fühlte sich bei Frau Geoffrin und in der vornehmen Welt, in die Bouchardon ihn einzuführen versuchte, so unbehaglich, dass er lieber allein blieb und die Genüsse dieser ausschweifenden Zeit verschmähte. Er hatte keine anderen Geliebten gehabt als die Bildhauerei und Klotilde, eine der Berühmtheiten der Großen Oper. Aber auch diese letztere Episode war nicht von langer Dauer. Sarrasine war ziemlich hässlich, immer unordentlich gekleidet und hatte ein so freies Naturell, ein so ungeregeltes Privatleben, dass die berühmte Nymphe eine Katastrophe fürchtete und den Bildhauer bald der Liebe zur Kunst zurückgab. Sophie Arnould hat über diesen Vorfall einen hübschen Ausspruch getan, an dessen Wortlaut ich mich nicht erinnere. Sie gab, glaube ich, ihrer Verwunderung Ausdruck, dass ihre Kollegin über die Statuen hatte siegen können.

Sarrasine brach im Jahre 1768 nach Italien auf. Dort entflammte sich seine leidenschaftliche Fantasie unter dem tief leuchtenden Himmel und beim Anblick der wunderbaren Denkmale, mit denen die Heimat der Kunst übersät ist. Er bewunderte die Statuen, die Fresken, die Gemälde und kam so des Ehrgeizes voll nach Rom: Er brannte darauf, den Namen Michelangelos und Bouchardons den seinen hinzuzufügen. So teilte er denn in den ersten Tagen seine Zeit zwischen seinen Arbeiten im Atelier und der Besichtigung der Kunstwerke, die es in Rom in solcher Fülle gibt. Er hatte schon vierzehn Tage in diesem Zustand verbracht, der alle jungen Künstler beim Anblick der Königin der Ruinen überkommt, als er eines Abends ins Theater Argentina ging, vor dem sich eine große Menge drängte. Er erkundigte sich nach der Ursache für diesen Andrang, und die Menschen antworteten mit zwei Namen: ›Zambinella! Jomelli!‹

Er tritt ein und setzt sich in das Parterre. Zwischen zwei beträchtlich dicke Abbati war er eingequetscht; aber sein Platz vor der Bühne war gut. Der Vorhang hob sich. Zum ersten Mal im Leben hörte er diese

Musik, deren Herrlichkeit ihm Jean Jacques Rousseau bei einem Abend des Barons von Holbach so beredt gepriesen hatte. Die Sinne des jungen Bildhauers wurden durch die Töne der reizenden Harmonien Jomellis sozusagen geschmiert und schlüpfrig gemacht. Die natürliche Schönheit dieser schmachtenden italienischen Stimmen, die aufs Glücklichste zusammenpassten, versetzten ihn in einen Taumel des Entzückens. Er saß stumm und unbeweglich und fühlte nicht einmal, wie er zwischen den beiden Priestern eingeengt war. Seine Seele war ganz in seinen Ohren und Augen. Er glaubte mit all seinen Poren zu hören. Plötzlich begrüßte ein Beifall, vor dem man meinte, der Saal müsste einstürzen, das Auftreten der Primadonna. Sie schritt zierlich bis an die Rampe vor und grüßte das Publikum mit unendlichem Liebreiz. Die Lampen, die Begeisterung einer großen Menge, die Illusion der Bühne, die Reize einer Toilette, die zu der Zeit recht verführerisch war, alles wirkte zugunsten dieses Weibes zusammen. Sarrasine schrie fast vor Vergnügen. Er bewunderte hier die ideale Schönheit, deren Vollkommenheit er bisher in der Natur stückweise hatte suchen müssen, indem er von einem oft unwürdigen Modell die Rundung eines vollendeten Beines, von einem andern die Formen des Busens, von einem dritten die glänzenden Schultern und schließlich von einem jungen Mädchen den Hals, von dieser oder jener Frau die Hände, von einem Kinde die blanken Knie nahm, ohne dass er je unter dem frostigen Himmel von Paris die vollendeten und runden Gestalten des antiken Griechenlands gefunden hätte. Die Zambinella zeigte ihm lebendig und graziös in herrlicher Vereinigung die köstlichen Formen der weiblichen Gestalt, nach denen er so brennend begehrt hatte, für die ein Bildhauer immer zugleich der strengste und der leidenschaftlichste Richter ist. Sie hatte einen sprechenden Mund, Augen der Liebe, einen Teint von blendenden Farben. Und zu diesen Einzelheiten, die einen Maler entzückt hätten, füge man alle Wunder der Venus, wie sie der Meißel der Griechen gestaltet hat. Der Künstler wurde nicht müde, die unnachahmliche Grazie, mit der die Arme zur Brust übergingen, oder die zauberische Rundung des Nackens, die schön geschwungenen Brauen, die Linien der Nase, das vollkommene Oval des Gesichts, die Reinheit ihrer lebhaften Konturen und die Wirkung der dichten, schwungvoll gebogenen Wimpern zu bewundern, die den Abschluss der großen, wollüstigen Lider bildeten. Das war mehr als ein Weib, was da vor ihm lebte, es war ein Meisterwerk! Dieses unerwartete Wesen hatte Liebe in sich zum Entzücken aller Männer und Schönheiten zur Befriedigung jedes

Kritikers. Sarrasine verschlang die Statue Pygmalions, die für ihn von ihrem Sockel gestiegen war, mit den Augen. Als die Zambinella sang, entstand ein Rasen der Begeisterung. Den Künstler überlief es kalt; dann spürte er, wie ein Feuer in seinem Innersten, an der Stelle auflohte, die wir das Herz nennen, weil uns das Wort fehlt. Er klatschte nicht Beifall, er sagte nichts, er fühlte, wie ihn ein Wahnsinn, eine Art Raserei überfiel, die es nur in diesem Alter gibt, wo die Begierde etwas Schreckliches und Höllisches an sich hat. Sarrasine wollte auf die Bühne stürzen und sich dieses Weibes bemächtigen. Seine Kraft, die durch eine moralische Depression, die man nicht erklären kann, weil sich diese Vorgänge in einer Region abspielen, die unserer Beobachtung unzugänglich ist, verhundertfacht wurde, wollte mit schmerzhafter Gewalt sich Luft machen. Er saß wie erstarrt und betäubt da. Ruhm, Kunst, Zukunft, Leben, Sieg, alles war wie zerstoben.

›Von ihr geliebt werden oder sterben!‹ – das war das Urteil, das Sarrasine über sich selbst sprach.

Er war so völlig im Taumel, dass er den Saal, die Zuschauer, die Schauspieler nicht mehr sah und die Musik nicht mehr hörte. Noch mehr: es gab keinen Zwischenraum mehr zwischen ihm und der Zambinella, er besaß sie; seine Augen, die sie nicht losließen, hatten sich ihrer bemächtigt. Eine fast teuflische Macht brachte ihn dahin, dass er den Atem dieser Stimme einsog, dass er den duftenden Puder, der auf ihrem Haar lag, mit jedem Atemzug sich zu eigen machte, dass er die sanfte Rundung dieses Gesichtes wie greifbar vor sich sah und die blauen Adern darauf zählen konnte, die sich von der samtenen Haut abhoben. Diese Stimme endlich, die so geläufig, so frisch und so silbern war, die biegsam war wie ein Faden, dem der leiseste Hauch eine Form gibt, die er auf- und abrollt, entfaltet und wieder zerteilt, diese Stimme drang ihm so stark in die Seele, dass er mehr als einmal unwillkürliche Schreie ausstieß, wie sie einem die krampfhaften Entzückungen entreißen, die die menschlichen Leidenschaften so selten gewähren. Bald musste er das Theater verlassen. Seine zitternden Beine trugen ihn fast nicht mehr. Er war zerschlagen und ermattet wie ein Jähzorniger nach einem furchtbaren Wutanfall. Er hatte so viel Wonne erlebt, oder vielleicht hatte er so viel gelitten, dass sein Leben ausgelaufen war, wie das Wasser aus einem Gefäß, das durch einen Stoß umgestürzt wurde. Er spürte eine Leere, eine Vernichtung in sich, die den Schwächezuständen glich, die die Genesenden, wenn sie eine schwere Krankheit überstanden haben, zur Verzweiflung bringen. Eine unerklärliche Trauer überfiel ihn, und in einem ohnmächtigen Zustand setzte er sich auf die Stufen einer Kirche. Er lehnte den Rücken an eine Säule und gab sich wirren Träumen hin. Die Leidenschaft hatte ihn wie ein Blitzschlag getroffen. Als er in sein Quartier zurückgekehrt war, überfiel ihn ein Paroxysmus der Schaffenswut, wie er in solchen Momenten kommt und uns die Gegenwart neuer Elemente in unserem Leben enthüllt. Er war von jenem ersten Liebesfieber befallen, das man ebenso wohl Lust wie Qual nennen kann, und wollte, um seine Ungeduld und seinen Taumel zu überwinden, die Zambinella aus dem Gedächtnis zeichnen. Das war eine Art materielles Träumen. Auf dem einen Blatt stand die Zambinella in der anscheinend ruhigen und kühlen Haltung, wie sie Raffael, Giorgione und alle großen Meister geliebt haben. Auf einem anderen wandte sie den Kopf reizend zur Seite, als wollte sie einer Koloratur zuhören, die sie eben sang. Sarrasine zeichnete das geliebte Weib in allen Stellungen; er nahm ihr den Schleier, ließ sie sitzen, stehen, liegen; er zeichnete sie züchtig oder wollüstig und verwirklichte mit seinem Stift, der schon beinahe raste, all die Launen, die unsere Fantasie herausfordern, wenn wir sehr an eine Geliebte denken. Aber sein wütendes Denken ging weiter als die Zeichnung. Er sah die Zambinella, sprach mit ihr, flehte sie an, brachte tausend Jahre Leben und Glück mit ihr zu, indem er sie in alle Situationen brachte, die seine Begier ersinnen konnte, indem er sozusagen die Zukunft mit ihr auskostete. Am nächsten Tage ließ er von seinem Lakaien für die ganze Saison eine Loge dicht bei der Bühne mieten. Dann stellte er sich, wie alle jungen Leute, in deren Seele es gewaltig zugeht, die Schwierigkeiten seines Unternehmens übertrieben groß vor und fütterte seine Leidenschaft für den Anfang nur mit dem Glück, die Geliebte ohne Hindernis bewundern zu können. Dieses Goldene Zeitalter der Liebe, in dem wir uns an unserem eigenen Gefühl erquicken und fast durch uns selber beglückt werden, konnte bei Sarrasine nicht von langer Dauer sein. Die Ereignisse jedoch überfielen ihn, während er noch unter dem Zauber dieser jugendlichen Halluzination voller Unschuld und Wollust stand. In acht Tagen lebte er ein ganzes Leben: Morgens war er damit beschäftigt, den Ton zu kneten, mit dessen Hilfe es ihm gelingen sollte, die Zambinella trotz den Schleiern, Röcken, Korsetten und Bandschleifen, die sie ihm verbargen, wiederzugeben. Am Abend war er schon früh in seiner Loge, die er allein für sich hatte, und da genoss er, auf einem Sofa liegend, wie ein Türke im Opiumrausch, ein so reiches, so verschwenderisches Glück, wie er es begehrte. Zunächst machte er sich allmählich mit den zu wilden Erregungen vertraut, die ihm der Gesang der Geliebten verursachte; dann gewöhnte er seine Augen daran, sie zu sehen, und konnte schließlich auf sie blicken, ohne den Ausbruch der dumpfen Wut befürchten zu müssen, die ihn am ersten Tag überfallen hatte. Seine Leidenschaft wurde tiefer und stiller zugleich. Übrigens duldete der wilde Bildhauer nicht, dass seine Einsamkeit, die von Bildern bevölkert, von den Gaukelbildern der Hoffnung geschmückt und voller Glück war, von seinen Kameraden gestört wurde. Er liebte mit solcher Gewalt und so unschuldsvoll, dass er all die kindlich-reinen Gewissensqualen durchmachte, die uns befallen, wenn wir zum ersten Mal lieben. Als er anfing zu merken, dass es bald zu handeln und zu intrigieren galt, dass er auskundschaften musste, wo die Zambinella wohnte, ob sie eine Mutter, einen Onkel, einen Vormund, eine Familie hatte; als er ernstlich an die Mittel dachte, sie zu sehen und mit ihr zu sprechen, da spürte er, wie sein Herz von ehrgeizigen Bildern so anschwoll, dass er diese Sorgen auf den nächsten Tag verschob; er war glücklich mit seinen physischen Qualen wie mit den Wonnen seines Geistes.«

»Aber«, unterbrach mich Frau von Rochefide, »ich sehe noch nichts von Marianina und ihrem alten Männchen.«

»Sie sehen nur ihn!«, rief ich, ungeduldig wie ein Dramatiker, dem man einen Bühneneffekt verdirbt.

»Seit mehreren Tagen«, fuhr ich nach einer Pause fort, »hatte sich Sarrasine so getreulich in seiner Loge eingefunden und aus seinen Blicken sprach so deutlich die Liebe, dass seine Leidenschaft für die Stimme Zambinellas das Gespräch von ganz Paris gewesen wäre, wenn diese Geschichte sich hier abgespielt hätte; aber in Italien, meine Gnädigste, ist jeder für sich mit seinen eigenen Leidenschaften im Theater und mit eigenem Herzensinteresse, das für die Spionage mit den Operngläsern keine Zeit lässt. Jedoch konnte die Raserei des Bildhauers den Blicken der Sänger und Sängerinnen nicht lange entgehen. Es wäre schwer zu sagen, was für Torheiten er begonnen hätte, wenn die Zambinella nicht in Aktion getreten wäre. Sie warf Sarrasine einen der beredten Blicke zu, die oft viel mehr sagen, als die Frauen hineinlegen wollen. Dieser Blick war eine ganze Offenbarung. Sarrasine war geliebt!

›Wenn das nur eine Laune ist‹, dachte er, indem er schon gegen seine Geliebte misstrauisch war, ›dann kennt sie die Herrschaft nicht, unter die sie fallen wird. Ihre Laune wird hoffentlich so lange dauern wie mein Leben.‹

In diesem Augenblick hörte der Künstler, wie dreimal leicht an seine Logentür geklopft wurde. Er öffnete. Eine alte Frau trat geheimnisvoll ein.

›Junger Herr‹, sagte sie, ›wenn Sie glücklich sein wollen, seien Sie vorsichtig! Schlagen Sie einen Mantel um sich, setzen Sie einen großen Hut tief ins Gesicht und finden Sie sich dann um zehn Uhr abends auf dem Korso vor dem Spanischen Hof ein!‹ - ›Ich werde dort sein‹, erwiderte er und steckte der Duenna zwei Louisdor in die runzlige Hand. Er machte der Zambinella ein Zeichen des Einverständnisses, und sie senkte schüchtern ihre wollüstigen Lider, wie eine Frau, die glücklich ist, dass sie endlich verstanden wird; dann verließ er die Loge. Er eilte nach Hause, um dort seine Toilette so verführerisch zu machen, wie es ihm nur möglich war. Als er das Theater verließ, ergriff ihn ein Unbekannter beim Arm.

›Nehmen Sie sich in acht, Herr Franzose‹, flüsterte er ihm ins Ohr; ›es geht um Leben und Tod! Zambinella steht unter dem Schutze des Kardinals Cicognara, und der lässt nicht mit sich spaßen.‹

Wenn ein teuflischer Geist zwischen Sarrasine und die Zambinella die ganze Hölle geworfen hätte, wäre er in diesem Augenblick mit einem Satz darübergesprungen. Die Liebe des Bildhauers glich den Rossen der Unsterblichen, wie sie Homer schildert: In einem Nu hatte sie unendliche Räume hinter sich gelassen.

›Und wenn mich beim Verlassen des Hauses der Tod erwartete, ich ginge nur noch schneller!‹ Das war seine Antwort. ›Poverino!‹, rief der Unbekannte und verschwand.

Von Gefahren zu hören, ist das für einen Liebenden nicht neue Wonne? Nie hatte Sarrasines Lakai ihn so sorgfältig Toilette machen sehen. Sein schönster Degen, ein Geschenk Bouchardons, die Schleife, die Klotilde ihm gegeben hatte, sein mit Flitter besetzter Rock, seine Silberweste, seine goldene Tabaksdose, die wertvolle Uhr und Kette, alles wurde aus den Behältnissen geholt: Er schmückte sich wie ein junges Mädchen, das vor ihrem ersten Liebhaber paradieren soll. Zur bestimmten Stunde eilte Sarrasine, das Gesicht tief im Mantel verborgen, trunken vor Liebe und glühend vor Hoffnung, zu dem Rendezvous, das die Alte ihm genannt hatte. Die Duenna erwartete ihn.

›Sie haben lange gebraucht!‹, sagte sie. ›Kommen Sie!‹ Sie führte den Franzosen durch etliche Gassen und blieb vor einem Palast, der recht stattlich aussah, stehen. Sie klopfte, die Tür ging auf. Sie führte Sarrasine durch ein Labyrinth von Treppen, Galerien und Gemächern, in denen nur der ungewisse Schein des Mondes etwas Helligkeit verbreitete, und kam bald an eine Tür, durch deren Spalten starker Lichtschein drang und hinter der man lebhaftes Sprechen und Lachen hörte. Sarrasine war geblendet, als er, nach einem Wort der Alten, in das geheimnisvolle Gemach eingelassen wurde und sich in einem glänzend erhellten und üppig eingerichteten Salon befand, in dessen Mitte eine reiche, mit Champagnerflaschen und geschliffenen, rote Funken sprühenden Fläschchen besetzte Tafel stand. Er erkannte die Sänger und Sängerinnen des Theaters und dazwischen reizende Frauen, die alle bereit waren, ein Künstlergelage zu beginnen, das nur noch auf ihn zu warten schien. Sarrasine unterdrückte eine ärgerliche Regung und machte gute Miene zu der Überraschung. Er hatte gehofft, ein schwach erleuchtetes Zimmer und seine Geliebte neben einem Kohlenbecken zu finden; er hatte von Liebe und Tod geträumt, von einem Eifersüchtigen, der auf ihn lauerte, von geflüsterten Geständnissen, von Herz an Herzen und gefährlichen Küssen; er hatte vorausgefühlt, wie ihre Köpfe sich einander näherten, wie das Haar der Zambinella seine brennende Stirn streifte.

›Es lebe die Tollheit!‹, rief er; ›Signori e belle donne, Sie müssen mir erlauben, mich später zu revanchieren und Ihnen meinen Dank dafür zu zeigen, dass Sie einen armen Bildhauer so freundlich aufnehmen.‹

Nachdem die meisten der Anwesenden, die er vom Sehen kannte, ihn recht freundlich begrüßt hatten, versuchte er sich dem Lehnstuhl zu nähern, auf dem sich die Zambinella nachlässig ausgestreckt hatte. O, wie schlug sein Herz, als er ihren zierlichen Fuß sah, der in einem der Pantöffelchen steckte, die – gestatten Sie mir, es zu sagen, gnädige Frau – ehemals dem Frauenfuß einen so koketten, so sinnlichen Ausdruck gaben, dass ich nicht weiß, wie die Männer ihm widerstehen konnten. Die prall anliegenden weißen Strümpfe mit den grünen Zwickeln, die kurzen Röcke, die spitzen Schuhe mit den hohen Absätzen aus der Zeit Louis' XV. haben freilich vielleicht etwas dazu beigetragen, Europa und die Geistlichkeit zu demoralisieren.«

»Etwas!«, meinte die Marquise; »haben Sie denn nichts gelesen?«

»Die Zambinella«, fuhr ich lächelnd fort, »hatte keck ihre Beine übereinandergelegt und wippte das obere neckisch hin und her. Ihre Haltung war die einer Herzogin, was zu ihrer Art kapriziöser Schönheit, die eine gewisse herausfordernde Lässigkeit an sich hatte, gut passte. Sie hatte ihre Theaterkleider abgelegt und trug ein Leibchen, das ihre schlanke Taille eng umschloss, die über den Reifröcken und einem mit blauen Blumen bestickten Atlasrock schön zur Geltung kam. Ihre Brust, deren Herrlichkeiten im koketten Luxus von prächtigen Spitzen verborgen waren, strahlte vor Frische. Unter ihrer Frisur, die ähnlich der Haartracht der Frau du Barry war, erschien ihr Gesicht, obwohl sie auch noch eine große Haube trug, doch noch zierlicher, und der Puder stand ihr gut. Wer sie so sah, musste sie anbeten. Sie lächelte dem Bildhauer graziös zu. Sarrasine, der sehr unzufrieden war, dass er sie nur vor Zeugen sprechen konnte, setzte sich höflich neben sie, sprach mit ihr über Musik und rühmte ihr wunderbares Talent; aber seine Stimme zitterte vor Liebe, Furcht und Hoffnung.

›Was fürchten Sie?‹, fragte ihn Vitagliani, der berühmteste Sänger der Truppe. ›Unbesorgt! Sie haben hier keinen einzigen Nebenbuhler zu fürchten.‹

Nachdem er das gesagt hatte, lächelte der Tenor still vor sich hin. Auf den Lippen aller anderen Gäste wiederholte sich dieses Lächeln, in dem sich ein Spott versteckte, der einem Liebhaber entgehen musste. Die Tatsache, dass seine Liebe bekannt war, war für Sarrasine, wie wenn er plötzlich einen Dolchstich ins Herz bekommen hätte. Er hatte eine große Charakterstärke, und vor allem konnte nichts in der Welt die Heftigkeit seiner Leidenschaft niederzwingen; aber es war ihm noch nicht in den Sinn gekommen, dass die Zambinella fast eine Kurtisane war und dass er nicht zu gleicher Zeit die reine Freude, die die Liebe eines jungen Mädchens so köstlich macht, und die stürmische Leidenschaft empfinden konnte, mit denen eine Schauspielerin ihren gefährlichen Besitz sich erkaufen lässt. Er sann nach und beschied sich. Das Souper wurde aufgetragen. Sarrasine und die Zambinella setzten sich ohne Weiteres nebeneinander. Während der ersten Hälfte des Mahles blieben die Künstler innerhalb gewisser Schranken, und der Bildhauer konnte mit der Sängerin plaudern. Er fand sie witzig und klug; aber sie war überraschend unwissend und erwies sich als schwach und abergläubisch. Die Zartheit ihrer Glieder hatte ihr Gegenstück in ihrem Verstande. Als Vitagliani die erste Champagnerflasche öffnete, las Sarrasine in den Augen seiner Nachbarin einen nicht geringen Schrecken vor dem kleinen Knall, den die Ausdehnung der Gase verursachte. Das unwillkürliche Zittern dieses Frauenorganismus deutete der verliebte Künstler als das Symptom eines außerordentlichen Empfindungsvermögens. Diese Schwäche entzückte den Franzosen. Es ist so viel Lust, Schutz zu leisten, in der Liebe des Mannes. ›In meiner Stärke sollst du wie hinter einem Schild geborgen sein!‹ Steht dieser Satz nicht auf dem Grunde jeder, Liebeserklärung geschrieben? Sarrasine, der zu leidenschaftlich war, bei der schönen Italienerin Galanterien anzubringen, war, wie alle Liebenden, hintereinander ernst, ausgelassen oder gesammelt. Obwohl er hören konnte, was die anderen sprachen, achtete er auf kein Wort von allem, was sie sagten; so ganz gab er sich dem Vergnügen hin, neben ihr zu sein, ihre Hand zu streifen, sie zu bedienen. Er schwamm in geheimer Wonne. Obwohl einige Blicke, die sie tauschten, beredt genug waren, war er doch über die Zurückhaltung, die die Zambinella ihm gegenüber übte, erstaunt. Sie hatte wohl zuerst begonnen, ihm den Fuß zu drücken und ihn mit der Schelmerei einer freien und verliebten Frau anzulocken; aber dann hatte sie sich plötzlich in die Schüchternheit eines jungen Mädchens gehüllt, nachdem Sarrasine etwas erzählt hatte, aus dem die ungewöhnliche Heftigkeit seines Charakters hervorging. Als das Souper zur Orgie wurde, fingen die Gäste, vom Peralta und vom Pedro-Ximenez begeistert, an zu singen. Sie sangen entzückende Duette, kalabrische Weisen, spanische Seguidillen und neapolitanische Kanzonetten. Die Trunkenheit war in aller Augen, in der Musik, in den Herzen und in den Stimmen. Mit einem Male strömte da eine bezaubernde Lebhaftigkeit, eine herzliche Hingebung, eine italienische Gutmütigkeit über, von der man denen keinen Begriff machen kann, die nur die Soireen von Paris, die Gesellschaften von London oder die Empfänge von Wien kennen. Die Scherze und die Liebesworte, Lachen, Flüche und Anrufungen der Muttergottes und des Bambino flogen wie Kugeln in einer Schlacht übereinander weg. Einer legte sich auf ein Sofa und schlief ein. Ein junges Mädchen hörte einer Liebeserklärung zu, ohne zu merken, dass sie Sherry auf das Tischtuch goss. Mitten in dieser Unordnung war die Zambinella wie von Angst verfolgt und blieb nachdenklich. Sie wollte nicht trinken, sprach dafür vielleicht etwas stark dem Essen zu; aber die Liebe zur guten Küche ist ja, wie man sagt, bei den Frauen sehr reizvoll. Sarrasine stellte, als er die Schamhaftigkeit seiner Geliebten sah, ernsthafte Betrachtungen über die Zukunft an.

›Ohne Frage will sie geheiratet werden‹, sagte er sich. Und nun kostete er im Voraus die Wonnen dieser Ehe. Sein ganzes Leben schien ihm nicht lang genug, all das Glück auszuschöpfen, das er auf dem Grund ihrer Seele fand. Sein Nachbar Vitagliani goss Sarrasines Glas so oft voll, dass er gegen drei Uhr morgens zwar nicht völlig betrunken, aber doch außerstande war, gegen seine rasende Begier anzukämpfen. In einem Augenblick wilder Leidenschaft hob er das Weib in die Höhe und trug es in eine Art Boudoir, das an den Salon stieß. Er hatte die Tür, die da hineinführte, schon lange ins Auge gefasst. Die Italienerin hatte mit einem Mal einen Dolch in der Hand.

›Wenn du näher kommst‹, sagte sie, ›muss ich dir den Stahl ins Herz bohren! Nein, nein, du würdest mich verachten! Ich habe zu viel Achtung vor deinem Charakter bekommen, mich so preiszugeben. Ich will nicht in deinem Gefühl für mich sinken.‹

›O, o!‹, rief Sarrasine, ›das ist ein schlechtes Mittel, eine Leidenschaft zu löschen, wenn man sie schürt. Bist du denn schon so verderbt, dass du, obwohl dein Herz alt ist, dich wie eine junge Kurtisane benimmst, die die Leidenschaften scharf schleift, mit denen sie Handel treibt?‹

›Aber es ist heute Freitag!‹, erwiderte sie voller Angst vor der Heftigkeit des Franzosen.

Sarrasine, der nicht fromm war, fing an zu lachen. Die Zambinella machte einen Satz wie ein junges Reh und flüchtete in den Saal. Als Sarrasine hinter ihr herlief und so in den Saal sprang, wurde er von einem höllischen Gelächter begrüßt. Er sah die Zambinella wie ohnmächtig auf einem Sofa liegen. Sie war blass und erschöpft von der ungewohnten Anstrengung, die sie hinter sich hatte. Obwohl Sarrasine wenig Italienisch konnte, verstand er doch, wie seine Geliebte leise zu Vitagliani sagte: ›Er wird mich ja töten!‹

Dieser seltsame Auftritt machte den Bildhauer ganz wirr. Er kam wieder zur Vernunft. Zuerst blieb er unbeweglich; dann fand er seine Sprache wieder, setzte sich zu seiner Geliebten und beteuerte ihr seine Achtung. Er fand die Kraft, den Ausdruck seiner Leidenschaft zu wechseln, und hielt nun dem Weibe die glühendsten Reden; um seine Liebe zu schildern, entfaltete er allen Reichtum der zwingenden, magischen Beredsamkeit, die den Liebenden so gern ihre Dienste leiht, der aber die Frauen nur so selten glauben wollen. Als das erste Leuchten des Morgens die Teilnehmer an dem Gelage überraschte, schlug eine Frau vor, nach Frascati zu fahren. Alle begrüßten den Einfall, den Tag in der Villa Ludovisi zu verbringen, mit lebhafter Zustimmung. Vitagliani ging hinunter, um Fuhrwerke zu bestellen. Sarrasine hatte das Glück, die Zambinella in einem Phaethon zu fahren. Nachdem sie Rom erst hinter sich hatten, erwachte die Heiterkeit wieder, die zuvor bei allen dem Kampf mit dem Schlaf gewichen war. Alle, Männer und

Frauen, schienen an dieses seltsame Leben, an diese endlosen Vergnügungen, an diesen Künstlertaumel gewöhnt, der das Leben zu einem unaufhörlichen Fest macht, bei dem man ohne Hintergedanken vergnügt ist. Die Gefährtin des Bildhauers war die Einzige, die niedergeschlagen schien.

›Sind Sie nicht wohl?‹, fragte Sarrasine sie; ›möchten Sie lieber nach Hause fahren?‹ - ›Ich bin nicht stark genug, um all diesen Ausschweifungen standzuhalten‹, erwiderte sie; ›ich brauche große Schonung. Aber neben Ihnen fühle ich mich so wohl! Wenn Sie nicht gewesen wären, wäre ich nicht bei diesem Souper geblieben; eine durchwachte Nacht raubt mir all meine Frische.‹ - ›Sie sind so zart!‹, versetzte Sarrasine und sah auf die zierlichen Formen des entzückenden Geschöpfes. ›Die Orgien ruinieren mir die Stimme.‹ - ›Jetzt, wo wir allein sind‹, rief der Künstler, ›und wo Sie die Glut meiner Leidenschaft nicht mehr zu fürchten haben, sagen Sie mir, dass Sie mich lieben.‹ - ›Wozu?‹, gab sie zurück, ›was soll das nützen? Ich habe Ihnen gut gefallen. Aber Sie sind Franzose, und Ihr Gefühl wird vergehen. O, Sie können mich nicht lieben, wie ich geliebt sein möchte.‹ - ›Wie denn?‹ - ›Ohne das Ziel der gewöhnlichen Leidenschaft, rein. Die Männer sind mir vielleicht noch mehr zum Abscheu, als ich die Frauen hasse. Ich muss mich in die Freundschaft flüchten. Die Welt ist für mich öde. Ich bin ein Geschöpf, das verflucht ist; bin dazu verdammt, das Glück zu begreifen es zu fühlen, es zu ersehnen, und bin, wie so viele andere, gezwungen, es mich stündlich fliehen zu sehen. Denken Sie daran, Signor, dass ich Sie nicht getäuscht habe. Ich verbiete Ihnen, mich zu lieben! Ich kann Ihnen ein hingebender Freund sein, und ich bewundere Ihre Kraft und Ihren Charakter. Ich brauche einen Bruder, einen Beschützer. Seien Sie das für mich, es ist viel, aber nichts anderes.‹ - ›Sie nicht lieben!‹, rief Sarrasine; ›aber, geliebter Engel, du bist mein Leben, mein Glück!‹ - ›Wenn ich ein Wort sagte, würdest du mich mit Abscheu von dir stoßen!‹ - ›Kokette! Nichts kann mich schrecken! Sag mir, dass ich dir meine Zukunft geben muss, dass ich in zwei Monaten sterbe, dass ich verdammt bin, wenn ich dich nur umarme ...‹ Und er umarmte sie trotz allen Anstrengungen, die die Zambinella machte, sich seiner Wildheit zu entziehen. ›Sag mir, dass du ein böser Geist bist, dass ich dir mein Vermögen, meinen Namen, all meinen Ruhm geben muss! Willst du, dass ich kein Bildhauer bin? Sprich!‹ - ›Wenn, ich nun keine Frau wäre?‹, fragte die Zambinella schüchtern mit silberner und sanfter Stimme. ›Das ist ein Spaß!‹, rief Sarrasine; ›glaubst du das Auge, eines Künstlers zu täuschen? Habe ich nicht seit zehn Tagen deine vollendeten Formen verschlungen und geprüft und bewundert? Nur eine Frau kann diese runden, weichen Arme, diese feinen Linien haben. Ah, du willst, dass ich dir Schmeicheleien sage!‹ Sie lächelte traurig und murmelte: ›Verhängnisvolle Schönheit!‹

Sie hob die Augen zum Himmel. Ihr Blick hatte einen so unbeschreiblichen Ausdruck gewaltiger Angst, dass Sarrasine ein Zittern überkam.

›Signor Francese‹, fing sie wieder an, ›vergessen Sie auf ewig einen Augenblick des Wahnsinns. Ich achte Sie; aber was Liebe angeht, fordern Sie sie nicht von mir; dieses Gefühl ist in meinem Herzen erloschen. Ich habe kein Herz mehr!‹, rief sie wild und weinte dabei; ›das Theater, wo Sie mich gesehen haben, der Beifall, die Musik, der Ruhm, zu dem man mich verdammt hat, das ist mein Leben, ich habe kein anderes. In wenigen Stunden werden Sie mich nicht mehr mit denselben Augen ansehen; die Frau, die Sie lieben, wird tot sein.‹

Der Bildhauer gab keine Antwort. Eine dumpfe Wut hatte ihn überfallen und presste ihm das Herz zusammen. Er konnte diese außerordentliche Frau nur mit brennenden, flammenden Augen anschauen. Diese Stimme voller Schwäche, die Haltung, das Benehmen und die Gebärden Zambinellas, in denen Trauer, Schwermut und Mutlosigkeit lagen, weckten in seiner Seele alle Fülle der Leidenschaft. Jedes Wort war ein Stachel. In diesem Augenblick waren sie in Frascati angelangt. Als der Künstler die Arme ausstreckte, um dem geliebten Weibe beim Aussteigen zu helfen, fühlte er, wie ein furchtbarer Schauer sie überlief.

›Was haben Sie? Ich würde sterben‹, rief er, als er sie erblassen sah, ›wenn Sie den geringsten Schmerz hätten, dessen wenn schon unschuldige Ursache ich wäre!‹ - ›Eine Schlange!‹, flüsterte sie und wies auf eine Natter, die sich in einem Graben schlängelte; ›ich fürchte mich vor diesen abscheulichen Tieren.‹

Sarrasine zerquetschte der Natter mit einem Fußtritt den Kopf.

›Woher haben Sie so viel Mut?‹, fragte die Zambinella und sah mit sichtlicher Angst auf das tote Reptil. ›Nun‹, fragte der Künstler lächelnd, ›möchten Sie immer noch vorgeben, Sie wären keine Frau?‹

Sie vereinigten sich mit ihren Gefährten und ergingen sich in den Hainen der Villa Ludovisi, die damals dem Kardinal Cicognara gehörte. Der Morgen verstrich dem verliebten Bildhauer zu schnell; aber es gab an ihm eine Menge kleiner Vorfälle, die ihm die Zierlichkeit, die Schwäche, die Zartheit dieser weichen und kraftlosen Seele verrieten.

Sie war ganz das Weib mit seinen plötzlichen Ängsten, seinen sinnlosen Launen, seiner triebhaften Verwirrung, seiner grundlosen Verwegenheit, seiner Prahlerei und seiner entzückenden Feinheit der Empfindung. Als sie sich aufs freie Feld hinausgewagt hatten, sah die kleine Schar der fröhlichen Sänger von Weitem ein paar Männer, die bis an die Zähne bewaffnet waren und deren Tracht nichts Vertrauenerweckendes hatte. Bei dem Wort ›Räuber!‹ verdoppelte jeder seine Schritte, um sich hinter der Einfriedigung der Villa des Kardinals in Sicherheit zu bringen. In diesem kritischen Augenblick merkte Sarrasine an Zambinellas Blässe, dass sie nicht mehr Kraft genug zum Gehen hatte; er nahm sie in seine Arme und trug sie eine Zeit lang im Laufen dahin. Als er nahe an einer Vigna war, setzte er seine Geliebte zu Boden.

›Erklären Sie mir‹, sagte er zu ihr, ›wieso diese übergroße Schwäche, die bei jeder anderen Frau hässlich wäre und so sehr mein Missfallen erregte, dass das geringste Zeichen davon vielleicht genügte, meine Liebe zu verlöschen, mir an Ihnen gefällt und mich entzückt? ... O, wie liebe ich Sie! All Ihre Fehler, Ihre Ängste, Ihr Kleinmut erhöhen nur die Anmut Ihrer Seele. Ich fühle, ich würde eine starke Frau, eine tapfere und kraftvolle Sappho verabscheuen. O gebrechliches, süßes Geschöpf! Wie könntest du anders sein? Diese Engelsstimme wäre ein Widersinn, wenn sie aus einem anderen Körper käme als aus dem deinen.‹

›Ich kann Ihnen‹, war ihre Antwort, ›keine Hoffnung machen. Hören Sie auf, so zu mir zu sprechen; man würde nur über Sie spotten! Es ist mir unmöglich, Ihnen den Besuch des Theaters zu verbieten; aber wenn Sie mich lieben oder wenn Sie klug sind, gehen Sie nicht mehr hin. Hören Sie auf mich ...‹ Sie sagte es mit tiefem Ernst.

›O sei still!‹, rief der berauschte Künstler; ›die Hindernisse fachen die Liebe in meinem Herzen nur noch mehr an.‹

Die Zambinella blieb in ihrer graziösen Zurückhaltung; aber sie war still, wie wenn ein schrecklicher Gedanke ihr ein Unglück vorausgekündet hätte. Als man nach Rom zurückkehren musste, stieg sie in eine viersitzige Kutsche und befahl dem Bildhauer in grausam gebietendem Tone, mit dem Phaethon allein zurückzufahren. Unterwegs beschloss Sarrasine, die Zambinella zu rauben. Er verbrachte den ganzen Tag damit, Pläne zu entwerfen, von denen einer immer toller war als der andere. Als die Nacht anbrach und er eben ausgehen wollte, um sich zu erkundigen, wo der Palast lag, den seine Geliebte bewohnte, traf er auf der Schwelle einen seiner Kameraden.

›Mein Lieber‹, sagte der zu ihm, ›ich bin von unserem Gesandten beauftragt, dich einzuladen, heute Abend zu ihm zu kommen. Er gibt ein großartiges Konzert, und wenn ich dir sage, dass Zambinella da sein wird ...‹ - ›Zambinella!‹, rief Sarrasine, der bei diesem Namen wie von Sinnen kam, ›o, Zambinella!‹ - ›Es geht dir wie aller Welt‹, antwortete ihm sein Kamerad. ›Aber‹, fragte Sarrasine, ›wenn ihr meine Freunde seid, du, Vien, Lauterbourg und Allegrain, werdet ihr mir dann für einen Handstreich nach dem Fest eure Hilfe leihen?‹ - ›Es ist kein Kardinal dabei zu töten? ... Nein ...?‹ - ›Nein, nein‹, unterbrach ihn Sarrasine, ›ich verlange nichts von euch, was ehrbare Menschen nicht tun können.‹

In kurzer Zeit hatte der Bildhauer alles für das Gelingen seines Anschlags vorbereitet. Er kam als einer der Letzten bei dem Gesandten an; aber er kam in einem Reisewagen angefahren, der mit kräftigen Pferden bespannt war und den einer der waghalsigsten Vetturini von Rom kutschierte. Der Palast des Gesandten war gedrängt voll; nicht ohne Mühe gelangte der Bildhauer, den niemand kannte, in den Saal, in dem gerade im Augenblicke Zambinella sang.

›Aus Rücksicht auf die Kardinale, Bischöfe und Abbés, die hier sind‹, so fragte Sarrasine, ,ist sie jedenfalls als Mann gekleidet, trägt einen Haarbeutel, hat das Haar gekräuselt und einen Degen an der Seite?‹ - ›Sie? Welche Sie?‹, gab der alte Signor zurück, an den Sarrasine sich gewandt hatte. ›Die Zambinella.‹ - ›Die Zambinella?‹, rief der römische Fürst aus; ›wollen Sie sich über mich lustig machen? Woher kommen Sie? Ist jemals eine Frau auf den römischen Theatern aufgetreten? Wissen Sie denn nicht, von was für Geschöpfen die Frauenrollen im Kirchenstaate gespielt werden? Mir, werter Herr, verdankt Zambinella seine Stimme. Ich habe dem Kerl alles bezahlt, selbst seinen Gesangslehrer. Aber er ist für den Dienst, den ich ihm geleistet habe, so wenig dankbar, dass er nicht ein einziges Mal über meine Schwelle gekommen ist. Und dabei verdankt er mir sein ganzes Vermögen.‹

Fürst Chigi hätte wohl noch lange sprechen können, ohne dass Sarrasine ihn gehört hätte. Eine grauenhafte Wahrheit war in seine Seele gedrungen. Er war wie vom Donner gerührt. Er blieb unbeweglich und konnte die Augen nicht von dem trennen, der ein Sänger sein sollte. Sein flammender Blick hatte eine Art magnetischen Einfluss auf Zambinella: Der Musico wandte schließlich seine Augen Sarrasine zu, und seine himmlische Stimme kam ins Wanken. Er zitterte! Ein unwillkürliches Flüstern regte sich in der Versammlung, die andächtig an seinen

Lippen hing; er wurde vollends verwirrt, musste sich setzen und brach die Arie ab. Der Kardinal Cicognara, der die Richtung, die der Blick seines Günstlings genommen hatte, verfolgt hatte, bemerkte jetzt den Franzosen; er neigte sich zu einem Geistlichen aus seinem Gefolge und schien nach dem Namen des Bildhauers zu fragen. Als er die gewünschte Antwort erhalten hatte, sah er den Künstler sehr aufmerksam an und gab einem Abbé einen Auftrag, der dann eiligst verschwand. Inzwischen hatte sich Zambinella erholt und fing das Stück, das er so eigenwillig abgebrochen zu haben schien, noch einmal an; aber er sang schlecht und lehnte es trotz allen Bitten ab, etwas anderes zu singen. Das war das erste Mal, dass er diese launenhafte Tyrannei ausübte, die ihn später nicht weniger berühmt machte als sein Talent und sein ungeheures Vermögen, das er, wie es heißt, seiner Stimme und seiner Schönheit in gleicher Weise verdankte.

›Es ist eine Frau‹, sagte Sarrasine, der kaum wusste, wo er war, vor sich hin; ›Da steckt irgendeine geheime Intrige dahinter. Der Kardinal Cicognara betrügt den Papst und ganz Rom!‹

Unverzüglich verließ der Bildhauer den Salon, versammelte seine Freunde und legte sie im Hof des Palastes in den Hinterhalt. Als Zambinella sich vergewissert hatte, dass Sarrasine gegangen war, schien er wieder etwas Ruhe zu finden. Um Mitternacht verließ der Musico, nachdem er, wie jemand, der einen Feind sucht, in den Sälen umhergeirrt war, die Gesellschaft. In dem Augenblick, wo er die Schwelle des Palastes überschritt, wurde er von einer Schar Männer ergriffen, die ihn mit einem Taschentuch knebelten und in den von Sarrasine gemieteten Wagen hoben. Zambinella war vor Schrecken starr, hockte in einer Ecke der Kutsche und wagte nicht, sich zu rühren. Er sah die schreckliche Gestalt des Künstlers sich gegenüber, der tödliches Schweigen bewahrte. Die Fahrt war kurz. Zambinella wurde von Sarrasine herausgehoben und befand sich bald in einem düsteren und kahlen Atelier. Der Sänger, der halb tot war, saß auf einem Stuhl und wagte nicht, auf die Statue einer Frau zu sehen, in der er seine Züge erkannt hatte. Er brachte kein Wort heraus, aber seine Zähne klapperten; er fror vor Angst. Sarrasine ging mit großen Schritten auf und ab. Mit einem Male blieb er vor Zambinella stehen.

›Sprich die Wahrheit!‹, sagte er mit dumpfer, heiserer Stimme; ›du bist ein Weib? Der Kardinal Cigognara ...‹ Zambinella fiel auf die Knie und antwortete nicht; er ließ nur den Kopf tief auf die Brust sinken.

›Ah, du bist ein Weib!‹, rief der Künstler außer sich; ›denn selbst ein ...‹ Er sprach nicht weiter.

›Nein‹, fing er dann wieder an, ›auch so einer würde sich nicht so tief erniedrigen.‹ - ›Ach, töten Sie mich nicht!‹, rief Zambinella unter Tränen; ›ich habe nur meinen Kollegen zuliebe eingewilligt, Sie zu täuschen. Sie wollten etwas zu lachen haben.‹ - ›Zu lachen!‹, schrie der Bildhauer mit furchtbarer Stimme. ›Lachen! Lachen! Du hast es gewagt, mit der Leidenschaft eines Mannes zu spielen? Du?‹ - ›O Gnade!‹, flehte Zambinella. ›Ich müsste dich umbringen!‹, rief Sarrasine und zog heftig seinen Degen heraus; ›aber‹, fuhr er dann mit kalter Geringschätzung fort, ›wenn ich mit dieser Klinge in deinem Wesen bohre, finde ich da eine Empfindung, die ich austilgen, eine Rache, die ich befriedigen könnte? Du bist nichts. Einen Mann oder ein Weib würde ich umbringen. Aber ...‹ Sarrasine machte eine Gebärde des Abscheus, bei der er den Kopf zur Seite wandte. Er erblickte die Statue. ›Und das ist ein Trugbild!‹, rief er.

Er wandte sich wieder Zambinella zu.

›Ein Frauenherz war für mich eine Zuflucht, eine Heimat. Hast du Schwestern, die dir ähnlich sind? Nein. Also stirb! ... Aber nein, du sollst leben. Wenn man dich am Leben lässt, bewahrt man dich nicht für etwas Schlimmeres auf als den Tod? Ich klage nicht um mein Blut und nicht um mein Dasein, nur um meine Zukunft und mein Herzensglück. Deine schwache Hand hat mein Glück zertrümmert. Was für eine Hoffnung könnte ich dir rauben für alle die, die du geknickt hast? Du hast mich bis zu dir erniedrigt. Lieben, geliebt werden! Das sind künftig leere Worte ohne Sinn für mich, wie sie es für dich sind. Immerzu werde ich an dieses Weib denken, das es nicht gibt, wenn ich ein wirkliches sehe.‹

Er wies mit verzweifelter Gebärde auf die Statue. ›Immer werde ich eine himmlische Harpyie im Sinne tragen, die ihre Krallen in all meine männlichen Gefühle schlagen und alle anderen Frauen mit dem Male der Unvollkommenheit zeichnen wird. Ungeheuer! Du Geschöpf, das nichts Lebendiges zur Welt bringen kann, du hast für mich alle Frauen der Erde getötet.‹

Sarrasine setzte sich dem geängsteten Sänger gegenüber. Zwei dicke Tränen kamen aus seinen heißen Augen, rollten seine männlichen Wangen hinab und fielen zu Boden: zwei Tränen der Wut, zwei bittere, brennende Tränen.

›Keine Liebe mehr! Ich bin jeder Freude, jeder menschlichen Regung gestorben.‹

Bei diesen Worten ergriff er einen Hammer und schleuderte ihn mit so wilder Gewalt gegen die Statue, dass er sie verfehlte. Er glaubte, das Denkmal seines Wahnsinns zerstört zu haben, und griff wieder nach dem Degen, schwang ihn und wollte den Sänger töten. Zambinella stieß durchdringende Schreie aus. Da stürzten drei Männer herein, und plötzlich sank der Bildhauer, von drei Dolchstichen durchbohrt, zu Boden.

›Vom Kardinal Cicognara‹, sagte der eine Bravo. ›Ein frommer Dienst, der einen Christen ehrt‹, antwortete der Franzose und starb.

Die düsteren Boten machten Zambinella Mitteilung von der Unruhe seines Schutzherrn, der am Tor in einem geschlossenen Wagen auf ihn wartete, um ihn, sowie er befreit wäre, mit sich wegführen zu können.«

»Aber«, fragte mich Frau von Rochefide, »was für eine Beziehung besteht zwischen dieser Geschichte und dem alten Männchen, das wir bei den Lautys gesehen haben?«

»Meine Gnädigste, der Kardinal Cicognara setzte sich in den Besitz der Statue Zambinellas und ließ sie in Marmor ausführen; sie ist gegenwärtig im Museum Albani. Dort fand sie 1791 die Familie Lauty wieder und bat Vien, sie zu kopieren. Das Porträt, das Ihnen Zambinella im Alter von zwanzig Jahren gezeigt hat, nachdem Sie ihn einen Augenblick vorher als Hundertjährigen gesehen hatten, hat später als Vorlage für Girodets ›Endymion‹ gedient; Sie haben sehen können, dass der ›Adonis‹ der nämliche Typus ist.«

»Aber dieser oder diese Zambinella?«

»Dürfte kein anderer sein als Marianinas Großonkel. Sie werden jetzt verstehen, was Frau von Lauty für ein Interesse daran haben muss, den Ursprung eines Vermögens zu verbergen, das von ...«

»Genug!«, unterbrach sie mit gebietender Gebärde.

Wir blieben eine Weile in tiefstem Schweigen.

»Nun?«, fragte ich schließlich.

»O!«, rief sie aus. Sie stand auf und ging mit großen Schritten im Gemach auf und ab.

Dann sah sie mich an und sprach mit einer Stimme, die einen veränderten Klang hatte: »Sie haben mir für lange Zeit das Leben und die Liebe zum Ekel gemacht. Kommen nicht alle menschlichen Gefühle, fast ohne

Unterschied, zum selben Ende: zu grauenvollen Enttäuschungen? Sind wir Mütter, so ermorden uns die Kinder durch ihr schlimmes Leben oder durch ihre Kälte. Sind wir Gattinnen, so werden wir verraten. Sind wir liebende Frauen, so werden wir verlassen, verstoßen. Freundschaft! Gibt es Freundschaft? Morgen ginge ich ins Kloster, wenn ich nicht die Kraft hätte, mitten in den Stürmen des Lebens unzugänglich wie ein Fels zu bleiben. Ist die Zukunft der Christen ebenfalls nur ein Trug, so wird er wenigstens erst nach dem Tode zerstört. Lassen Sie mich allein!«

»Ah«, rief ich aus, »Sie verstehen sich aufs Strafen!«

»Habe ich unrecht?«

»Ja«, antwortete ich und nahm meinen ganzen Mut zusammen; »jetzt, da diese Geschichte, die in Italien bekannt genug ist, zu Ende erzählt ist, kann ich Ihnen einen hohen Begriff von den Fortschritten der modernen Zivilisation geben: Man macht in Italien diese unseligen Geschöpfe nicht mehr.«

»Paris«, erwiderte sie, »ist ein sehr gastlicher Ort! Es nimmt alles auf, die schändlichen Vermögen so gut wie die blutigen. Verbrechen und Schande haben hier Asylrecht; nur die Tugend hat keine Altäre. Aber die reinen Seelen haben eine Freistatt im Himmel. Niemand wird mich erkannt haben! Das soll mein Stolz sein.«

Die Marquise blieb in tiefem Sinnen.

VENDETTA

Im Jahre 1800, gegen Ende Oktober, erschien ein Fremder in Begleitung einer Frau und eines kleinen Mädchens vor den Tuilerien in Paris und verweilte ziemlich lange Zeit vor den Trümmern eines eben niedergelegten Hauses an der Stelle, wo sich heute der neu begonnene Flügel erhebt, der das Schloss Katharinas von Medici mit dem Louvre der Valois verbinden soll. Er stand aufrecht mit gekreuzten Armen da, das Haupt geneigt, das er nur manchmal erhob, um das Palais des ersten Konsuls und seine Frau zu betrachten, die neben ihm auf einem Steine saß. Obwohl die Unbekannte sich nur mit dem kleinen, neun bis zehn Jahre alten Mädchen zu beschäftigen schien, mit dessen schwarzen Haaren ihre Hände spielten, verlor sie doch keinen der Blicke, die ihr ihr Genosse zuwarf; ein gleiches Empfinden, das aber etwas anderes als Liebe war, beseelte die beiden Wesen und drückte ihren Bewegungen und ihren Gedanken den gleichen Stempel der Beunruhigung auf. Das Elend ist vielleicht von allen das festeste Band. Der Fremde hatte ein breites, ernstes Haupt mit übermäßig üppigem Haarwuchs, wie man ihn oft auf den Bildern der Carraci sieht. Diese tiefschwarzen Haare waren mit einer großen Menge weißer durchsetzt. Die wenn auch edlen und stolzen Züge hatten einen Zug von Härte, der sie entstellte. Trotz seiner Kraft und seines geraden Wuchses schien er schon älter als sechzig zu sein. Seine getragenen Kleider verrieten, dass er aus einem fremden Lande kam. Obwohl das einstmals schöne, jetzt verblühte Gesicht der Frau tiefe Traurigkeit verriet, so zwang sie sich doch, wenn der Blick ihres Mannes auf ihr ruhte, zu einem Lächeln und täuschte eine ruhige Haltung vor. Das kleine Mädchen hielt sich aufrecht trotz der Müdigkeit, deren Anzeichen sich auf ihrem jungen sonnenverbrannten Gesicht malten. Sie machte mit ihren großen schwarzen Augen unter schön geschwungenen Brauen den Eindruck einer Italienerin und besaß eine angeborene Vornehmheit und natürliche Grazie. Mehr als ein Vorübergehender empfand Rührung, wenn er diese Gruppe, betrachtete, deren Personen sich gar nicht bemühten, ihre Verzweiflung zu verbergen, die ebenso tief erschien, wie ihr Ausdruck einfach war; aber die Quelle dieser flüchtigen Teilnahme, die den Parisern eigen ist, versiegte sofort wieder. Denn sobald der Unbekannte zu merken glaubte, dass er die Aufmerksamkeit irgendeines Müßiggängers erregt hatte, blickte er ihn so wütend an, dass auch der unerschrockenste Spaziergänger seine Schritte beschleunigte, als ob er auf eine Schlange getreten wäre. Als er lange Zeit so unschlüssig verharrt hatte, fuhr der große Fremde plötzlich mit der Hand über die Stirn, verjagte hier sozusagen die Gedanken, die sie gerunzelt hatten, und fasste jetzt einen verzweifelten Entschluss. Nachdem er einen durchdringenden Blick auf seine Frau und seine Tochter geworfen hatte, zog er aus seinem Rock einen langen Dolch hervor, reichte ihn seiner Gefährtin und sagte auf Italienisch zu ihr: »Ich werde mich nun überzeugen, ob die Bonapartes sich unserer noch erinnern. Und mit langsamen festen Schritten ging er auf den Eingang des Palais zu, wo er natürlich von einem Soldaten der konsularischen Garde angehalten wurde, mit dem er sich nicht lange streiten konnte. Als sie die Hartnäckigkeit des Unbekannten wahrnahmen, hielt ihm die Wache als Ultimatum ihr Bajonett vor. Der Zufall wollte, dass in diesem Moment der Soldat abgelöst wurde, und der Korporal zeigte in sehr gefälliger Weise dem Fremden den Ort, wo sich der Kommandant der Wache aufhielt.

»Melden Sie Bonaparte, dass Bartolomeo di Piombo ihn zu sprechen wünscht«, sagte der Italiener zu dem wachthabenden Hauptmann.

Der Offizier hatte gut reden, um Bartolomeo vorzustellen, dass man den ersten Konsul nicht aufsuchen könne, ohne vorher schriftlich eine Audienz bei ihm erbeten zu haben; der Fremde verlangte durchaus, dass der Offizier Bonaparte benachrichtigen solle. Dieser wies auf seine Instruktionen hin und weigerte sich ausdrücklich, den Auftrag des eigentümlichen Bittstellers auszuführen. Bartolomeo runzelte die Augenbrauen, warf dem Kommandanten einen furchtbaren Blick zu und schien ihn verantwortlich für das Unglück machen zu wollen, das diese Weigerung zur Folge haben könne; dann schwieg er, kreuzte energisch die Arme über der Brust und stellte sich unter die Durchfahrt, die den Verkehr zwischen dem Hof und dem Garten der Tuilerien vermittelt. Gerade als sich Bartolomeo di Piombo auf einen der Prellsteine setzte, die sich nahe beim Eingang der Tuilerien befinden, kam ein Wagen angefahren, aus dem Lucien Bonaparte, damals Minister des Innern, stieg.

»Ach, Lucien, das trifft sich ja sehr glücklich für mich, dass ich dir begegne!«, rief der Fremde.

Diese in korsischem Dialekt gesprochenen Worte ließen Lucien, der gerade den Aufgang betreten wollte, innehalten; er betrachtete seinen Landsmann und erkannte ihn. Nach dem ersten Wort, das Bartolomeo ihm zuflüsterte, nahm er den Korsen mit sich. Murat, Lannes und Rapp befanden sich im Arbeitszimmer des ersten Konsuls. Als man Lucien mit einem so merkwürdigen Menschen wie Piombo eintreten sah, schwieg die Unterhaltung. Lucien nahm Napoleon bei der Hand und führte ihn in eine Fensteröffnung. Nachdem er einige Worte mit seinem Bruder gewechselt hatte, machte der erste Konsul ein Zeichen mit der Hand, dem Murat und Lannes gehorchten, indem sie sich entfernten. Rapp tat so, als ob er nichts bemerkt hätte und bleiben könne. Als Bonaparte ihn energisch aufforderte, verschwand der Adjutant mit mürrischem Gesicht. Der erste Konsul, der die Schritte Rapps in dem benachbarten Salon hörte, ging nun schnell hinaus und sah ihn an der Wand stehen, die das Arbeitszimmer vom Salon trennte.

»Willst du mich denn nicht verstehen?«, fragte der erste Konsul. »Ich muss mit meinem Landsmann allein sein.«

»Ein Korse!«, erwiderte der Adjutant. »Ich traue diesen Leuten so wenig, dass ...«

Der erste Konsul konnte ein Lächeln nicht unterdrücken, nahm seinen getreuen Offizier bei der Schulter und führte ihn hinaus.

»Nun, was tust du denn hier, mein armer Bartolomeo?«, sagte der erste Konsul zu Piombo.

»Ich erbitte ein Asyl und Hilfe von dir, wenn du ein echter Korse bist«, antwortete Bartolomeo in scharfem Tone.

»Was für ein Unglück hat dich denn aus dem Lande getrieben? Du warst der Reichste, der ...«

»Ich habe alle Portas getötet, antwortete der Korse mit tiefer Stimme und gerunzelten Brauen.

Der erste Konsul wich überrascht zwei Schritte zurück. »Willst du mich verraten?«, rief Bartolomeo und warf Bonaparte einen düsteren Blick zu. »Weißt du, dass wir noch vier Piombos in Korsika sind?« Lucien nahm seinen Landsmann am Arm und rüttelte ihn.

»Bist du hergekommen, um den Retter Frankreichs zu bedrohen?«, sagte er schnell zu ihm.

Bonaparte gab Lucien ein Zeichen, der nun schwieg. Dann sah er Piombo an und sagte: »Warum hast du denn die Portas getötet?«

»Wir hatten wieder Freundschaft geschlossen«, antwortete er, »die Barbantis hatten uns ausgesöhnt. Am Tage, nachdem wir miteinander angestoßen hatten, um unsere Streitigkeiten zu begraben, verließ ich sie, weil ich in Basta zu tun hatte. Sie blieben zu Hause und legten Feuer an meinen Weinberg in Longone. Meinen Sohn Gregorio töteten sie. Meine Tochter Ginevra und meine Frau sind ihnen entronnen; sie hatten am Morgen das Abendmahl genommen, und die Heilige Jungfrau hat sie beschützt. Als ich zurückkehrte, fand ich mein Haus nicht mehr vor, mit den Füßen in der Asche suchte ich danach. Plötzlich stieß ich an Gregorios Körper, den ich im Mondlicht erkannte. ›Oh, das haben die Portas getan!‹, sagte ich mir. Ich ging sofort in das Mâquis, sammelte dort einige Männer um mich, denen ich Dienst erwiesen hatte – verstehst du, Bonaparte? –, und wir begaben uns zu dem Weinberg der Portas. Um fünf Uhr morgens kamen wir an, und um sieben Uhr standen sie alle vor Gott. Giacomo behauptet zwar, dass Elisa Vanni ein Kind gerettet hat, den kleinen Luigi; aber ich hatte ihn selbst auf seinem Bette festgebunden, bevor wir das Haus anzündeten. Ich habe die Insel mit meiner Frau und meiner Tochter verlassen, bevor ich feststellen konnte, ob Luigi Porta noch lebt.«

Bonaparte betrachtete Bartolomeo neugierig, aber ohne Erstaunen zu verraten.

»Wie viele waren es?«, fragte Lucien.

»Sieben«, antwortete Piombo. »Seiner Zeit haben sie euch verfolgt«, sagte er dann. Diese Worte riefen bei den beiden Brüdern keinerlei Zeichen von Hass hervor. – »Ach, ihr seid keine Korsen mehr!«, rief Bartolomeo in eine Art von Verzweiflung. »Lebt wohl. Einstmals habe ich euch beschützt«, fügte er in vorwurfsvollem Tone hinzu. »Ohne mich wäre deine Mutter nicht nach Marseille gelangt«, wandte er sich an Bonaparte, der nachdenklich dastand, den Ellenbogen auf den Kaminmantel gestützt.

»Vor meinem Gewissen, Piombo, erwiderte Napoleon, »kann ich dich nicht unter meinen Schutz nehmen. Ich bin der Führer einer großen Nation geworden, ich leite die Republik und muss ihre Gesetze durchführen lassen.«

»Oh, oh!«, sagte Bartolomeo.

»Aber ich kann ein Auge zudrücken«, begann Bonaparte wieder. »Das Vorurteil zugunsten der ›Vendetta‹ wird noch lange verhindern, dass das Gesetz in Korsika herrsche«, fügte er wie im Selbstgespräch hinzu. »Und doch muss es um jeden Preis zerstört werden.«

Bonaparte verhielt sich eine Weile schweigend, und Lucien machte Piombo ein Zeichen, dass er nichts sagen solle. Der Korse wiegte schon seinen Kopf hin und her mit missbilligendem Ausdruck.

»Du kannst dich hier aufhalten«, wandte sich der Konsul wieder an Bartolomeo, »wir werden von nichts wissen. Ich werde deine Güter ankaufen lassen, damit ich dir zunächst deinen Lebensunterhalt verschaffen kann. Dann, wenn einige Zeit verflossen ist, werden wir später an dich denken. Aber nun keine ›Vendetta‹ mehr! Hier gibt es kein Mâquis. Wenn du deinen Dolch spielen lässt, hast du nicht auf Gnade zu hoffen. Hier schützt das Gesetz alle Bürger, und man verschafft sich nicht selbst sein Recht.«

»Da ist er der Leiter eines merkwürdigen Landes geworden«, antwortete Bartolomeo und drückte Lucien die Hand. »Aber ihr habt euch gegen mich im Unglück dankbar erwiesen, und wir sind jetzt auf Leben und Tod vereint, ihr könnt über alle Piombos verfügen.«

Nach diesen Worten entrunzelte sich die Stirn des Korsen, und er blickte voll Genugtuung um sich.

»Ihr seid nicht schlecht untergebracht«, sagte er lächelnd, als ob er hier seine Wohnung aufschlagen wollte. »Und du bist ja ganz in Rot gekleidet wie ein Kardinal.«

»Es wird nur von dir abhängen, dass du dich durchringst und ein Palais in Paris hast«, sagte Bonaparte und maß seinen Landsmann mit den Augen. »Ich werde mehr als einmal mich nach einem ergebenen Freund umzusehen haben, auf den ich mich verlassen kann.«

Ein freudiges Aufatmen entrang sich der breiten Brust Piombos. Er reichte dem ersten Konsul die Hand und sagte: »Es steckt doch noch etwas vom Korsen in dir!«

Bonaparte lächelte. Stumm betrachtete er den Mann, der ihm gewissermaßen etwas von der heimatlichen Luft mitbrachte, von der Luft der Insel, wo er einst so wundersam dem Hass der »englischen« Partei entronnen war, und die er nicht mehr wiedersehen sollte. Er gab seinem Bruder einen Wink, Lucien nahm Bartolomeo di Piombo mit sich und erkundigte sich voll Interesse nach den Vermögensverhältnissen des einstigen Beschützers seiner Familie. Piombo führte ihn an ein Fenster und zeigte ihm seine Frau und Ginevra, die beide auf einem

Steinhaufen saßen. »Wir sind von Fontainebleau bis hierher zu Fuß gekommen und besitzen nicht einen Heller mehr«, sagte er.

Lucien gab seinem Landsmann seine Börse und forderte ihn auf, am nächsten Tage zu ihm zu kommen, um sich darüber zu beraten, wie sich die Zukunft der Familie gestalten solle. Der Wert aller Güter, die Piombo in Korsika besaß, reichte nicht hin, um davon anständig in Paris leben zu können.

Fünfzehn Jahre waren zwischen der Ankunft der Familie Piombo in Paris und dem nachstehend zu erzählenden Abenteuer verflossen, das ohne den Bericht über diese Ereignisse weniger verständlich sein würde.

Servin, einer unserer vornehmsten Künstler, war damals auf den Gedanken gekommen, ein Atelier für junge Damen einzurichten, die Malunterricht nehmen wollten. Im Alter von vierzig Jahren, von bestem sittlichen Ruf und ganz seiner Kunst hingegeben, hatte er aus Neigung die vermögenslose Tochter eines Generals geheiratet. Die Mütter begleiteten ihre Töchter zuerst selbst zu dem Professor; dann schickten sie sie schließlich allein hin, nachdem sie sich mit seinen Grundsätzen vertraut gemacht und gesehn hatten, wie sehr er sich bemühte, ihr Vertrauen zu rechtfertigen. Der Maler hatte die Absicht durchgeführt, nur Schülerinnen aus reichen oder angesehenen Familien anzunehmen, um sich über die Zusammensetzung der Schülerinnen in seinem Atelier keine Vorwürfe machen zu lassen; er lehnte es sogar ab, junge Mädchen zu unterrichten, die Künstlerinnen werden wollten, und denen er die Art von Unterweisung hätte geben müssen, ohne die sich eine Begabung in der Malerei nicht entfalten kann. Unmerklich hatten ihm seine Vorsicht, die Überlegenheit, mit der er seine Schülerinnen in die Geheimnisse der Kunst einzuweihen verstand, die Sicherheit der Mütter, ihre Töchter in Gesellschaft wohlerzogener junger Damen zu wissen, und die Beruhigung, die der Charakter, das sittliche Verhalten und die Ehe des Künstlers ihnen eingeflößt hatte, in den Salons einen ausgezeichneten Ruf verschafft. Wenn ein junges Mädchen den Wunsch zu erkennen gab, malen oder zeichnen zu lernen, und ihre Mutter Rat darüber einholte, so gab ihr jeder zur Antwort: »Schicken Sie sie doch zu Servin!« Servin wurde so eine Spezialität für weibliche Malerei wie Herbault für Hüte, Leroy für Moden und Chevet für die feine Küche. Es wurde anerkannt, dass eine junge Dame, die den Unterricht Servins genossen hatte, in jeder Hinsicht die Gemälde des Museums beurteilen, ein vortreffliches Porträt schaffen, ein Bild kopieren und ein Genrebild malen konnte. Der Künstler genügte also allen Ansprüchen der Aristokratie. Trotz seiner Beziehungen zu den besten Häusern von Paris war er ein unabhängiger Mann, ein Patriot und hielt jedermann gegenüber an dem leichten, geistvollen, fast ironischen Ton und der für die Maler charakteristischen Freiheit des Urteils fest. Die Tür zu den Dachräumen, die sich über seiner Wohnung hinzogen, war vermauert worden. Um in diesen Zufluchtsort, der ebenso verboten wie ein Harem war, gelangen zu können, musste man eine Treppe, die aus seiner Wohnung hinausführte, benutzen. Das Atelier, das den ganzen Dachboden des Hauses einnahm, hatte die riesigen Verhältnisse, über die immer die Neugierigen staunen, wenn sie sechzig Fuß über dem Erdboden die Künstler in einer Dachkammer vorzufinden meinen. Diese Art von Galerie erhielt reichlich Licht durch hohe, mit großen grünen Vorhängen, mit denen die Maler das Einfallen des Lichts regulieren, versehene Fenster. Eine Menge von Karikaturen, von in einen Zuge mit Farbe oder der Spitze des Messers gezeichneten Köpfen an den dunkelgrauen Wänden bewiesen, in etwas andrer Ausführung, dass die vornehmsten jungen Damen ebenso viel Tollheiten im Kopfe haben wie die Männer. Ein kleiner Ofen mit großem Rohr, das furchtbare Wendungen beschrieb, bevor es in das Dach mündete, war der unvermeidliche Schmuck des Ateliers. Ein Brett zog sich rings an den Wänden hin, das durcheinandergestellte Modelle aus Gips trug, die zumeist mit dünnem Staub bedeckt waren. Oberhalb des Brettes war da und dort an einem Nagel der Kopf einer Niobe aufgehängt, der seinen Schmerzensausdruck zeigte eine lächelnde Venus, eine Hand, die sich plötzlich dem Beschauer entgegenstreckte, wie die eines um Almosen bittenden Bettlers, dann etliche Fersen, die, vom Rauch gelb geworden, aussahen wie gestern aus dem Grabe geholte Gliedmaßen; schließlich gaben Bilder, Zeichnungen, Gliedermänner, Rahmen ohne Bilder und Bilder ohne Rahmen diesem unregelmäßigen Räume das Aussehen des Ateliers, das eine merkwürdige Mischung von Schmuck und Nacktheit, von Elend und Reichtum, von Sorgfalt und Unordnung darstellt. Solch ein Riesenschiff, in dem alles, selbst der Mensch klein erscheint, erinnert an die Opernkulissen; man findet dort alte Wäsche, vergoldete Waffen, Stücke von Stoff, Dekorationen; aber es steckt etwas von Größe darin wie in dem Gedanken: Hier sind Genie und Tod zusammen; eine Diana oder ein Apollo neben dem Schädel eines Skeletts, Schönheit und Unordnung, Dichtung und Wirklichkeit, leuchtende Farben im Schatten und oft eine ganze unbewegte und schweigende Tragödie.

An dem Tage, an dem diese Geschichte beginnt, beleuchtete eine helle Julisonne das Atelier, und zwei Lichtstrahlen durchdrangen es in seiner ganzen Tiefe mit breiten, durchscheinenden, goldenen Streifen, in denen Staubteilchen schimmerten. Ein Dutzend Staffeleien zeigten ihre scharfen Spitzen, ähnlich wie Schiffsmasten im Hafen. Mehrere junge Mädchen belebten das Bild mit ihren Köpfen, Bewegungen und der Verschiedenheit ihrer Toiletten. Die starken Schatten, die die grünen Vorhänge warfen, die nach den Bedürfnissen jeder Staffelei vorgezogen waren, brachten eine Fülle von Kontrasten und reizvolle Wirkungen, von Helldunkel hervor. Von allen Gemälden des Ateliers bildete diese Gruppe das schönste Bild. Ein blondes, einfach gekleidetes junges Mädchen hielt sich fern von ihren Genossinnen und arbeitete mit einem Eifer, als ob sie einem Unglück vorbeugen zu wollen schien; niemand beachtete sie, niemand richtete ein Wort an sie; sie war die hübscheste, die bescheidenste und die am wenigsten wohlhabende. Zwei Hauptgruppen, eine von der andern durch eine geringe Entfernung geschieden, markierten zwei Gesellschaftskreise, zwei Geistesrichtungen selbst in diesem Atelier, wo Stellung und Vermögen hätten vergessen sein müssen. Sitzend oder stehend, umgeben von Farbenkästen, mit ihren Pinseln spielend oder sie zurechtmachend, ihre farbenleuchtenden Paletten handhabend, malend, plaudernd, lachend, singend, sich ungezwungen hingebend, sodass ihr Charakter hervortrat, boten die jungen Mädchen ein den Männern unbekanntes Schauspiel: Die eine, stolz, hochfahrend, launisch, mit schwarzem Haar und schönen Händen, ließ ihre glühenden Blicke absichtslos herumwandern; eine andere, unbekümmert fröhlich mit lachenden Lippen, kastanienbraunem Haar, weißen zarten Händen, bot das Bild des echt französischen jungen Mädchens dar, leichtherzig, ohne Hintergedanken, in den Tag hinein lebend; wieder eine andere war träumerisch, melancholisch, blass und neigte das Haupt wie eine Blume, die abfallen will; im Gegensatz dazu war ihre Nachbarin groß, träge, von muselmännischen Allüren mit länglichen, schwarzen feuchten Augen; sie sprach wenig, war nachdenklich und betrachtete verstohlen den Kopf eines Antinous. Mitten unter ihnen, wieder »Jocoso« eines spanischen Stücks, voll von Geist und boshaften Einfällen, übersah ein Mädchen alle mit einem einzigen Blick, machte sie lachen und erhob unaufhörlich ihr Gesicht, das zu angeregt war, um nicht hübsch zu erscheinen! Sie befehligte die erste Gruppe, die aus Töchtern von Bankiers, Notaren und Kaufleuten bestand; alle waren reich, nahmen aber all' die kaum merkliche, wenn auch spitze Verachtung hin, mit der sie von den anderen jungen Damen behandelt wurden, die zur Aristokratie gehörten. Diese wurden beherrscht von der Tochter eines Türhüters des königlichen Kabinetts, einer kleinen, ebenso dummen wie eitlen Person, die stolz auf ihren Vater war, der eine »Charge« bei Hofe hatte; sie tat, als ob sie die Lehren des Meisters beim ersten Wort verstanden hätte, und schien sich zur Arbeit herabzulassen; sie bediente sich eines Lorgnons, erschien immer sehr geputzt und spät und bat ihre Freundinnen, leise zu sprechen. Bei dieser anderen Gruppe konnte man entzückende Figuren und vornehme Gesichter sehen; aber der Blick dieser jungen Mädchen war nicht harmlos. Wenn ihre Haltung elegant, ihre Bewegungen graziös waren, so entbehrte ihr Gesicht doch der Freimütigkeit, und man konnte leicht merken, dass sie zu einem Gesellschaftskreise gehörten, wo die höfliche Form die Charaktere frühzeitig abschleift, und der Missbrauch des sozialen Vorrangs das natürliche Gefühl vernichtet und den Egoismus entwickelt. Wenn die Versammlung vollzählig war, so sah man in dieser Schar junger Mädchen kindliche Köpfe, Jungmädchen von entzückender Reinheit, Gesichter, bei denen der leicht geöffnete Mund jungfräuliche Zähne sehen ließ, und über die ein jungfräuliches Lächeln huschte. Dann glich das Atelier nicht einem Serail, sondern einer Gruppe von Engeln, die auf einer Himmelswolke sitzen.

Es war ungefähr zwölf Uhr und Servin noch nicht erschienen. Seit mehreren Tagen hielt er sich größtenteils in einem Atelier, das er anderswo besaß, auf, um dort ein Gemälde für die Ausstellung zu beendigen. Plötzlich begann Fräulein Amélie Thirion, das Haupt der aristokratischen Partei der kleinen Versammlung, ein langes Gespräch mit ihrer Nachbarin; es entstand ein andauerndes Stillschweigen bei der patrizischen Gruppe; die Bankierspartei wurde ebenfalls still und versuchte herauszubekommen, worum es sich bei einer solchen Konferenz handelte; aber das Geheimnis der jungen Ultra-Royalistinnen wurde bald offenbar. Amélie erhob sich und nahm eine wenige Schritte von ihr entfernt stehende Staffelei, um sie in ziemlich großer Entfernung von der Adelsgruppe in die Nähe einer plumpen Tür zu stellen, die das Atelier von einem dunklen Raum trennte, in dem man zerbrochene Gipsstücke, vom Professor für ungenügend erklärte Bilder und den Holzvorrat für den Winter unterzubringen pflegte. Amélies Vorgehen rief ein Gemurmel der Überraschung hervor, das sie aber nicht hinderte, diesen Umzug zu vollenden, indem sie schnell den Farbenkasten und das Taburett, kurz alles, bis auf das Bild Prudhons, das die verspätete Schülerin kopierte, neben die Staffelei stellte. Nach diesem Staatsstreich besprach die linke Seite, während die rechte wieder still zu arbeiten begann, noch lange das Ereignis.

»Was wird Fräulein Piombo dazu sagen?«, wandte sich ein junges Mädchen an Fräulein Mathilde Roguin, das boshafte Orakel der ersten Gruppe.

»Sie ist keine Dame, die sich dazu äußern wird«, antwortete diese; »aber noch in fünfzig Jahren wird sie der Beleidigung gedenken, als ob sie sie gestern erfahren hätte, und es verstehen, sie blutig zu rächen. Das ist ein Mensch, mit dem ich mich nicht gern im Kampf befinden möchte.«

»Der Ausschluss, den die Damen über sie verhängt haben, ist umso unbilliger«, sagte ein anderes junges Mädchen, »als Fräulein Ginevra vorgestern sehr betrübt war; ihr Vater hatte, wie es heißt, eben seinen Abschied genommen. Das hieße, ihr Unglück noch schlimmer machen, während sie sich doch während der hundert Tage sehr freundlich gegen die Damen erwiesen hat. Hat sie jemals ein Wort zu ihnen gesagt, das sie hätte verletzen können? Sie vermied es gerade, über Politik zu sprechen. Aber unsere Ultras scheinen mehr aus Eifersucht als aus Parteigeist zu handeln.«

»Ich hätte Lust, die Staffelei von Fräulein Piombo zu holen und neben meine zu stellen«, sagte Mathilde Roguin. Sie erhob sich, aber ein Bedenken ließ sie sich wieder setzen. »Bei einem Charakter wie dem des Fräuleins Ginevra«, meinte sie, »kann man nicht wissen, wie sie unser Entgegenkommen aufnehmen würde; warten wir lieber ab, was geschieht.«

»Eccola«, sagte schmachtend das junge Mädchen mit den schwarzen Augen.

... In der Tat ließen sich jetzt die Schritte jemandes, der die Treppe heraufkam, im Saale hören. Das Wort: »Da kommt sie!« ging von Mund zu Mund, und es entstand tiefstes Schweigen im Atelier. Um die Bedeutung des Ostrazismus zu begreifen, den Amelie Thirion verkündet hatte, muss hinzugefügt werden, dass diese Szene sich Ende Juli des Jahres 1815 abspielte. Die zweite Rückkehr der Bourbonen hatte viele Freundschaften erschüttert, die den Umgestaltungen der ersten Restauration widerstanden hatten. Jetzt wiederholten sich in fast allen den Familien, bei denen Meinungsverschiedenheiten eine Spaltung hervorgerufen hatten, die bedauernswerten Vorfälle, die die Geschichte beinahe aller Länder zu Zeiten von Bürger- oder Religionskriegen beflecken. Kinder, junge Mädchen, Greise waren von dem monarchischen Fieber mit befallen worden, das die Regierung ergriffen hatte. Zwiespalt schlich sich in alle Häuser ein, und Misstrauen färbte mit seinen trüben Farben das intimste Handeln und Reden. Ginevra Piombo liebte Napoleon abgöttisch; wie hätte sie ihn auch hassen sollen? Der Kaiser war ihr Landsmann und der Wohltäter ihres Vaters. Der Baron von Piombo war einer der Diener Napoleons, die am eindrücklichsten bei der Rückkehr von der Insel Elba mitgewirkt hatten. Unfähig, seine politische Überzeugung zu verleugnen, und sogar stolz darauf, sie zu bekennen, verblieb der alte Baron von Piombo in Paris inmitten seiner Feinde. Ginevra Piombo konnte daher um so mehr unter die Zahl der verdächtigen Personen gerechnet werden, als sie kein Hehl aus ihrem Kummer machte, den die zweite Restauration ihrer Familie bereitete. Die einzigen Tränen, die sie vielleicht in ihrem Leben vergossen hatte, waren ihr von der zwiefachen Nachricht abgepresst worden, dass Bonaparte auf dem »Bellerophon gefangen, und dass Labédoyère verhaftet worden sei. Die jungen Mädchen, die die adlige Gruppe bildeten, gehörten zu den eingefleischtesten Royalistenfamilien von Paris. Es ist schwer, ein Bild von der übertriebenen Erregung dieser Epoche und dem Abscheu, den die Bonapartisten hervorriefen, zu geben. So nichtssagend und unerheblich das Vorgehen Amélie Thirions heute auch erscheinen mag, so war es doch damals der Ausdruck sehr natürlichen Hasses. Ginevra Piombo, eine der ersten Schülerinnen Servins, nahm hier eine Stellung ein, deren man sie vom ersten Tage ihres Erscheinens im Atelier an berauben wollte; die aristokratische Gruppe hatte sie unmerklich eingekreist; sie von einem Platze vertreiben, der ihr gewissermaßen gehörte, das bedeutete nicht nur, ihr einen Schimpf antun, sondern auch einen Kummer verursachen, denn die Künstler haben fast alle eine Vorliebe für einen bestimmten Arbeitsplatz. Aber vielleicht kam die politische Abneigung nur wenig infrage bei dem Vorgehen der kleinen »rechten Seite« des Ateliers. Ginevra Piombo, die bedeutendste Schülerin Servins, war der Gegenstand stärkster Eifersucht; der Meister bekundete ebenso viel Bewunderung für die Begabung wie für den Charakter seiner Lieblingsschülerin, die bei allen seinen Vergleichungen als Muster hingestellt wurde; und schließlich übte sie, ohne dass man sich den Einfluss erklären konnte, den dieses junge Wesen auf ihre gesamte Umgebung hatte, auf die kleine Welt um sie einen Zauber aus, der fast demjenigen Bonapartes auf seine Soldaten glich. Seit einigen Tagen hatte nun die Aristokratie des Ateliers den Sturz dieser Königin beschlossen! Da aber noch niemand gewagt hatte, von der Bonapartistin abzurücken, so hatte Fräulein Thirion eben einen entscheidenden Schritt getan, um ihre Gefährtinnen in ihren Hass mit hinein zu verwickeln. Obwohl zwei oder drei Royalistinnen Ginevra aufrichtig gern hatten, so waren sie doch, fast alle zu Hause politisch beeinflusst, mit dem den Frauen angeborenen Takt der Ansicht, dass sie sich dem Streit gegenüber indifferent zu verhalten hätten. Bei ihrer Ankunft wurde daher Ginevra mit tiefem Schweigen empfangen. Von allen jungen Mädchen, die bisher Servins Atelier besucht hatten, war sie die schönste, größte und am besten gewachsene. Ihr Gang besaß eine Vornehmheit und eine Anmut, die Bewunderung herausforderten. Ihr geistvolles Gesicht schien zu leuchten, so sehr zeigte es die den Korsen eigentümliche Lebhaftigkeit, die aber die sonstige Ruhe keineswegs ausschließt. Ihr langes Haar, ihre schwarzen Augen und Wimpern verkündeten einen leidenschaftlichen Charakter. Obgleich ihre Mundwinkel sich nicht scharf abzeichneten und ihre Lippen ein wenig zu stark waren, drückte sich doch auf ihrem Antlitz die Güte aus, die starken Wesen das Bewusstsein ihrer Kraft verleiht. Infolge eines eigenartigen Naturspiels wurde der Reiz ihres Gesichtes gewissermaßen geschmälert durch eine Marmorstirn, auf der ein fast wilder Stolz thronte, der an die Sitten Korsikas gemahnte. Hier zeigte sich das einzige Band, durch das sie mit ihrem Geburtslande zusammenhing; in ihrer ganzen übrigen Persönlichkeit war die Einfachheit und die Natürlichkeit einer lombardischen Schönheit so verführerisch, dass man sie bloß anzusehen brauchte, um ihr auch nicht das geringste zuleide zu tun. Sie übte eine so lebhafte Anziehungskraft aus, dass ihr vorsichtiger Vater sie immer in das Atelier begleiten ließ. Der einzige Fehler dieses wahrhaft poetischen Wesens war die Macht ihrer so reich entwickelten Schönheit. Aus Liebe zu Vater und Mutter hatte sie sich bisher nicht verheiraten wollen, um sie in ihren alten Tagen nicht zu verlassen. Ihre Begeisterung für die Malerei war bei ihr an die Stelle der Leidenschaften getreten, von denen die Frauen sonst gewöhnlich bewegt werden.

»Sie sind ja heute recht still, meine Damen«, sagte sie, nachdem sie ein paar Schritte inmitten ihrer Gefährtinnen gemacht hatte. »Guten Tag, kleine Laura«, fügte sie mit zartem, liebevollem Tone hinzu und trat zu dem jungen Mädchen hin, das entfernt von den andern malte. »Der Kopf ist sehr gut geworden! Das Fleisch ist noch ein bisschen zu rosig, aber alles ist vortrefflich gezeichnet.«

Laura hob den Kopf, betrachtete Ginevra mit gerührtem Blick, und ihre Gesichter verklärten sich, indem sie dieselbe Zuneigung ausdrückten. Ein leises Lächeln belebte die Lippen der Italienerin, die nachdenklich erschien und langsam auf ihren Platz zuging, während sie nachlässig die Bilder und Zeichnungen betrachtete und jedes junge Mädchen der ersten Gruppe begrüßte, ohne auf die ungewöhnliche Aufmerksamkeit zu achten, die ihr Erscheinen hervorgerufen hatte. Sie machte den Eindruck einer Hof haltenden Königin. Das tiefe Schweigen, das bei den Patrizierinnen herrschte, beachtete sie gar nicht und begab sich auf ihren Arbeitsplatz, ohne ein Wort zu reden. Ihre Versunkenheit war so tief, dass sie sich an ihre Staffelei setzte, ihren Farbenkasten öffnete, die Pinsel herausnahm, die braunen Schutzärmel überzog, ihre Schürze umband, ihr Bild ansah und ihre Palette prüfte, ohne sozusagen überhaupt an das zu denken, was sie machte. Alle Köpfe der bürgerlichen Gruppe hatten sich nach ihr hingewendet. Und wenn auch die jungen Damen der Partei Thirion ihre Ungeduld nicht so offen wie ihre Genossinnen zeigten, so waren ihre heimlichen Blicke nicht weniger auf Ginevra gerichtet.

»Sie merkt gar nichts«, sagte Fräulein Roguin.

In diesem Augenblick erwachte Ginevra aus ihrem nachdenklichen Zustande, in dem sie ihre Leinwand betrachtet hatte, und wandte ihr Gesicht der aristokratischen Gruppe zu. Mit einem Blick maß sie die Entfernung, die sie von ihr trennte, aber sie bewahrte Stillschweigen.

»Sie nimmt gar nicht an, dass man beabsichtigt hat, sie zu beleidigen«, sagte Mathilde, »sie ist nicht rot und nicht blass geworden. Wie werden sich die andern Damen ärgern, wenn sie ihre neue Stelle für besser hält als die alte! – Sie sitzen nicht in der Reihe, Fräulein Piombo«, fügte sie laut hinzu, indem sie sich an Ginevra wandte.

Die Italienerin tat, als ob sie nichts gehört hätte, oder hatte auch wirklich nichts gehört; sie stand plötzlich auf, ging in einiger Entfernung an der Tür, die das dunkle Kabinett von dem Atelier trennte, vorbei und schien das Fenster, durch welches das Licht einfiel, mit solcher Aufmerksamkeit zu prüfen, dass sie auf einen Stuhl stieg, um den grünen Vorhang, der das Licht dämpfte weiter oben zu befestigen. Als sie so hoch angekommen war, hatte sie einen ziemlich schmalen Spalt in der Tür erreicht, das wahre Ziel ihrer Bemühungen, den der Blick, den sie hineinwarf, ließ sich nur mit dem eines Geizigen vergleichen, der die Schätze Aladins entdeckt hat; dann stieg sie schnell wieder hinunter, kehrte auf ihren Platz zurück, rückte ihr Bild zurecht, tat, als ob sie mit dem Licht nicht zufrieden sei, schob einen Tisch, auf den sie einen Stuhl gestellt hatte, an die Tür, kletterte geschickt auf diesen Aufbau und blickte von Neuem durch den Spalt. Sie warf bloß einen Blick in den dunklen, nur notdürftig beleuchteten Raum, und was sie dort erblickte, machte einen so lebhaften Eindruck auf sie, dass sie schwankte.

»Sie werden fallen, Fräulein Ginevra!«, rief Laura. Alle jungen Mädchen richteten ihre Augen auf die Unvorsichtige, die ins Wanken geraten war. Aber die Angst, dass die andern zu ihr herantreten könnten, machte ihr Mut, sie fand ihre Kraft und ihr Gleichgewicht wieder, wandte sich, während sie sich auf ihrem Stuhl hin und her schaukelte, an Laura und sagte mit bewegter Stimme: »Oh, das ist immer noch etwas haltbarer als ein Thron!« Sie beeilte sich den Vorhang herunterzuziehen, stieg hinunter, schob Tisch und Stuhl recht weit weg von der Tür, trat wieder an ihre Staffelei und machte noch einige Versuche, sie in das ihr genügende Licht zu stellen. Mit ihrem Bilde beschäftigte sie sich dabei durchaus nicht, ihre Absicht war nur, sich dem dunklen Kabinett zu nähern, neben dem sie, wie sie es wollte, nahe bei der Tür Platz nahm. Dann begann sie, ihre Palette zurechtzumachen, ohne ein Wort zu reden. An dieser Stelle vernahm sie bald deutlicher jenes leise Geräusch, das schon am Tage vorher ihre Neugierde so stark erregt und ihre jugendliche Fantasie auf dem weiten Felde der Vermutungen sich hatte tummeln lassen. Ohne Schwierigkeit erkannte sie das starke, regelmäßige Atmen eines schlafenden Mannes, den sie eben gesehen hatte. Ihre Neugierde war dadurch weit über Verlangen befriedigt, aber sie fühlte, dass nun eine ungeheure Verantwortlichkeit auf ihr ruhte. Durch den Spalt hatte sie den kaiserlichen Adler erkannt und auf einem schwach beleuchteten Gurtbett das Gesicht eines Gardeoffiziers. Sie begriff alles: Servin verbarg einen Flüchtling. Jetzt zitterte sie davor, dass eine ihrer Mitschülerinnen herantrete, um ihr Bild anzusehen und dabei das Atmen des Unglücklichen oder ein zu starkes Stöhnen, wie es während der letzten Unterrichtsstunde an ihr Ohr gedrungen war, hörte. Sie beschloss daher, nahe bei der Tür zu bleiben, indem sie sich auf ihre Gewandtheit irgendwelchen Zufällen gegenüber verließ.

»Es ist besser, dass ich hier bleibe«, dachte sie, »um einem unglücklichen Zufall vorzubeugen, als dass ich den armen Gefangenen irgendeiner Unbesonnenheit preisgebe.« Das war der Grund der zur Schau getragenen Gleichgültigkeit Ginevras, als sie ihre Staffelei fortgerückt sah; sie war innerlich entzückt darüber, weil sie dadurch ganz ungezwungen ihre Wissbegierde befriedigen konnte; außerdem war sie gerade jetzt zu lebhaft von ihr ergriffen, als dass sie nach dem Grunde für das Wegschieben geforscht hätte. Nichts ist verletzender für junge Mädchen, ebenso wie für alle Welt, als wenn sie sehen, dass eine Bosheit, eine Beleidigung oder ein spitzes Wort ihren Zweck infolge der verächtlichen Gleichgültigkeit, die das Opfer bezeigt, nicht erreichen. Es scheint, dass der Hass gegen einen Feind ebenso hoch wächst, wie dieser sich über uns erhebt. Ginevras Verhalten war für alle ihre Gefährtinnen ein Rätsel. Ihre Freundinnen wie ihre Feindinnen waren gleichermaßen erstaunt; denn man erkannte ihr alle möglichen Tugenden zu, nur nicht die Verzeihung einer Beleidigung. Obgleich ein Anlass, diesen Charakterfehler zu betätigen, bei dem Leben im Atelier Ginevra nur selten geboten wurde, so hatten doch die Fälle, in denen sie Beweise ihrer Absicht, sich zu rächen, und ihrer Unbeugsamkeit gab, nicht verfehlt, einen tiefen Eindruck auf den Geist ihrer Gefährtinnen zu machen. Nach vielen andern Vermutungen fand Fräulein Roguin schließlich, dass das schweigsame Verhalten der Italienerin eine über alles Lob erhabene Seelengröße zeige; und ihr Kreis beschloss, von ihr beeinflusst, die Aristokratie des Ateliers zu demütigen. Sie erreichten ihr Ziel durch eine Flut von sarkastischen Bemerkungen, der den Stolz der rechten Seite bändigte. Diesem Wettkampf der Eigenliebe machte das Eintreten der Frau Servin ein Ende. Mit der Schlauheit, die immer mit der Boshaftigkeit verbunden ist, hatte Amélie bemerkt, sich klargemacht und ausgelegt, wie tief die Befangenheit Ginevras sein musste, dass sie sie hinderte, auf den höflich-spitzen Streit zu achten, dessen Gegenstand sie war. Die Art, wie sich Fräulein Roguin und ihre Freundinnen an Fräulein Thirion und ihrer Gruppe zu rächen suchten, hatten aber die fatale Wirkung, dass die jungen Ultras nach dem Grunde für Ginevra di Piombos Schweigsamkeit suchten. Die schöne Italienerin wurde daher der Mittelpunkt aller Blicke und von den Freundinnen wie von den Feindinnen scharf beobachtet. Es ist sehr schwierig, die kleinste Erregung, das schwächste Empfinden vor fünfzehn jungen Mädchen geheim zu halten, die neugierig und untätig sind, und deren Boshaftigkeit und Geist nichts mehr begehrt als Geheimnisse herauszubekommen, zu intrigieren und einer Sache entgegenzuarbeiten, und die es verstehen, nur allzu verschiedene Auslegungen für eine Geste, einen verstohlenen Blick, ein Wort zu finden, um nicht deren wahre Bedeutung herauszubekommen. So war auch das Geheimnis Ginevra di Piombos stark in Gefahr, bekannt zu werden. In diesem Augenblick schuf die Anwesenheit der Frau Servin einen Zwischenakt in dem Drama, das sich stumm im Innern der jungen Herzen abspielte, deren Empfindungen, Gedanken und Absichten sich in fast allegorischen Bemerkungen, in boshaften Blicken, in Gesten und durch das Schweigen selbst, das oft beredter als das Wort ist, kundtaten. Sobald Frau Servin das Atelier betreten hatte, richteten sich ihre Blicke auf die Tür, neben der sich Ginevra befand. Unter den augenblicklichen Verhältnissen blieb dieser Blick nicht unbeachtet. Wenn bisher auch keine der Schülerinnen darauf geachtet hatte, so erinnerte sich doch Fräulein Thirion nachher daran und erklärte sich das Misstrauen, die Angst und das Geheimnisvolle, die den Augen der Frau Servin gewissermaßen einen fahlen Ausdruck gaben.

»Meine Damen«, sagte sie, »Herr Servin kann heute nicht kommen.« Dann sagte sie jedem der jungen Mädchen einige freundliche Worte, die mit einer Fülle weiblicher Liebenswürdigkeiten in Ton, in Blicken und in Gesten erwidert wurden. Sie ging darauf schnell zu Ginevra, von einer Unruhe verzehrt, die sie vergeblich zu verbergen suchte. Die Italienerin und die Frau des Malers begrüßten sich mit einem freundschaftlichen Kopfnicken und verhielten sich dann beide schweigsam, die eine malend, die andere das Gemalte betrachtend. Das Atmen des Offiziers war schwach zu hören, aber Frau Servin tat, als ob sie es nicht wahrnehme, und ihr Nicht-hören-wollen war so auffallend, dass Ginevra versucht war, ihr absichtliche Taubheit vorzuwerfen. Dabei bewegte sich der Unbekannte auf seinem Bette. Die Italienerin sah Frau Servin scharf an, die dann, ohne dass ihr Gesicht die leiseste Bestürzung verriet, zu ihr sagte: »Ihre Kopie ist ebenso schön wie das Original. Wenn ich wählen sollte, würde ich in Verlegenheit geraten.«

›Herr Servin muss seine Frau nicht in das Geheimnis eingeweiht haben‹, dachte Ginevra, die der jungen Frau mit einem freundlichen, ungläubigen Lächeln antwortete und dann eine Canzonetta ihres Heimatlandes trällerte, um das Geräusch, das der Gefangene würde machen können, zu übertönen. Es war so ungewöhnlich, die fleißige Italienerin singen zu hören, dass sämtliche jungen Mädchen sie voller Erstaunen ansahen. Später diente dieser Umstand als Beweis für die liebenswürdigen Verdächtigungen des Hasses gegen sie. Frau Servin entfernte sich bald, und die Malstunde verlief ohne weitere Ereignisse. Ginevra ließ die andern fortgehen und schien noch arbeiten zu wollen; aber unwillkürlich verriet sie den Wunsch, allein zu sein, denn je langsamer die Schülerinnen Anstalten trafen, sich zu entfernen, um so deutlichere

Blicke schlecht verhehlter Ungeduld warf sie ihnen zu. Fräulein Thirion, die in wenigen Stunden die tödliche Feindin derjenigen geworden war, die sie in allem überragte, ahnte mit dem Instinkt des Hasses, dass sich hinter dem anscheinenden Fleiß ihrer Rivalin ein Geheimnis verbarg. Es war ihr schon mehrfach aufgefallen, mit welcher Aufmerksamkeit Ginevra auf ein Geräusch horchte, das sonst niemand hörte. Der Ausdruck, den sie zuletzt in den Augen der Italienerin aufleuchten sah, war ein Lichtstrahl für sie. Sie entfernte sich als letzte aller Schülerinnen und ging zu Frau Servin hinunter, mit der sie ein Weilchen plauderte; dann tat sie, als ob sie ihre Tasche vergessen hätte, stieg leise wieder ins Atelier hinauf und sah, wie Ginevra auf einen eilig hergestellten Aufbau geklettert und so tief in den Anblick des unbekannten Soldaten versunken war, dass sie das leise Geräusch der Schritte ihrer Genossin nicht vernahm. Allerdings ging Amélie, um einen Ausdruck Walter Scotts zu gebrauchen, wie auf Eiern; als sie die Tür des Ateliers wieder erreicht hatte, hustete sie. Ginevra erzitterte, wandte den Kopf um, erblickte ihre Feindin, errötete, beeilte sich, den Vorhang wegzuziehen, um ihre Absichten zu bemänteln, und stieg hinunter, nachdem sie ihren Farbenkasten in Ordnung gebracht hatte. Als sie das Atelier verließ, nahm sie das Bild eines Männerkopfes, das sich tief in ihr Gedächtnis eingegraben hatte, mit sich, ebenso reizvoll wie den Endymions auf Girodets Meisterwerk, das sie vor einigen Tagen kopiert hatte.

›Einen so jungen Menschen verfolgen! Wer mag er nur sein? Es ist doch nicht der Marschall Ney!‹

Diese Sätze umfassten kurz den Eindruck aller Gedanken, die Ginevra während der beiden nächsten Tage mit sich herumtrug. Am übernächsten Tage fand sie, trotzdem sie sich beeilt hatte, als Erste im Atelier einzutreffen, Fräulein Thirion schon vor, die im Wagen gekommen war. Ginevra und ihre Feindin beobachteten einander lange; aber sie zeigten jede der andern ein undurchdringliches Gesicht. Amélie hatte das reizende Gesicht des Unbekannten gesehen; aber glücklicher- und gleichzeitig unglücklicherweise waren die Adler und die Uniform durch den Spalt für sie nicht erkennbar. Sie verlor sich daher in Vermutungen. Plötzlich erschien Servin viel früher als gewöhnlich.

»Fräulein Ginevra«, sagte er, nachdem er das Atelier überblickt hatte, »warum haben Sie einen solchen Platz gewählt? Das Licht ist schlecht. Setzen Sie sich doch näher an die andern Damen und ziehen Sie Ihren Vorhang ein wenig herunter.«

Dann setzte er sich neben Laura, deren Arbeit er am wohlwollendsten zu beurteilen pflegte.

»Aber«, rief er aus, »das ist ja ein hervorragend gelungener Kopf! Sie werden eine zweite Ginevra werden.«

Der Meister ging dann von Staffelei zu Staffelei, scheltend, lobend, scherzend und wie immer so redend, dass sein Scherz mehr als sein Tadel gefürchtet wurde. Die Italienerin war den Weisungen des Professors nicht nachgekommen und an ihrem Platz geblieben, mit der festen Absicht, sich nicht von ihm zu entfernen. Sie nahm ein Blatt Papier und begann in Sepia den Kopf des armen Eingeschlossenen zu skizzieren. Eine mit Begeisterung unternommene Arbeit weist immer einen besonderen Stempel auf. Die Fähigkeit, der Wiedergabe der Natur oder des Gedankens die Farbe der Wahrheit zu geben, ist das Zeichen des Genies, und zuweilen tritt die Leidenschaft an seine Stelle. Deshalb verlieh bei der Lage Ginevras die Vorstellungskraft, die sie ihrem so lebhaft angeregten Gedächtnis verdankte, oder vielleicht auch die Notwendigkeit, diese Mutter aller großen Dinge, ihr eine übernatürliche Fähigkeit. Der Kopf des Offiziers wurde auf das Papier geworfen, während sie ihre innere Erregung der Angst zuschrieb, worin ein Physiologe das Fieber der Begeisterung erkannt haben würde. Von Zeit zu Zeit warf sie einen verstohlenen Blick auf ihre Genossinnen, um im Falle einer Indiskretion ihrerseits die Zeichnung verbergen zu können. Aber trotz ihrer ständigen Aufmerksamkeit bemerkte sie das eine doch nicht, das Lorgnon, das ihre unerbittliche Feindin auf ihre geheimnisvolle Zeichnung gerichtet hatte, während sie sich hinter einer großen Mappe versteckt hielt. Als Fräulein Thirion das Gesicht des Flüchtlings erkannte, erhob sie plötzlich den Kopf, und Ginevra verbarg das Papier.

»Warum sind Sie denn trotz meiner Aufforderung dort geblieben, mein Fräulein?«, fragte der Professor Ginevra ernst.

Die Schülerin drehte schnell ihre Staffelei so, dass niemand ihre Zeichnung sehen konnte, und sagte mit bewegter Stimme, indem sie sie ihrem Lehrer zeigte: »Finden Sie nicht ebenso wie ich, dass das Licht hier besser ist? Soll ich nicht lieber hier bleiben?«

Servin erblasste. Da den durchdringenden Blicken des Hasses nichts entgeht, so beobachtete Fräulein Thirion mit leidenschaftlicher Aufmerksamkeit die Erregung, die den Lehrer und die Schülerin ergriffen hatten.

»Sie haben recht«, sagte Servin. »Aber Sie werden bald mehr können als ich«, fügte er mit gezwungenem Lachen hinzu. Es entstand eine Pause, während derer der Professor den Kopf des Offiziers betrachtete. »Das ist ein Salvator Rosas würdiges Meisterwerk!«, rief er dann mit künstlerischer Bestimmtheit aus.

Bei diesem Ausruf erhoben sich alle jungen Mädchen, und Fräulein Thirion stürzte mit dem Sprunge eines Tigers, der sich auf seine Beute wirft, vor. In diesem Augenblick bewegte sich der durch den Lärm aufgeweckte Flüchtling. Ginevra stieß ihren Schemel um, machte einige unzusammenhängende Redensarten und fing an zu lachen; das Bild aber hatte sie zusammengeknifft und in ihre Tasche gesteckt, bevor es ihre gefährliche Feindin hatte betrachten können. Die Staffelei wurde umringt. Servin erörterte laut die einzelnen Schönheiten der Kopie, die seine Lieblingsschülerin jetzt verfertigte, und alle wurden durch dieses Vorgehen getäuscht, ausgenommen Amélie, die, hinter den anderen stehend, die Tasche zu öffnen versuchte, in der sie die Zeichnung hatte verschwinden sehen. Ginevra aber ergriff die Mappe und stellte sie vor sich hin, ohne ein Wort zu sagen. Schweigend betrachteten die beiden jungen Mädchen einander.

»Vorwärts, meine Damen, gehen Sie wieder auf Ihre Plätze«, sagte Servin. »Wenn Sie eben so viel lernen wollen, wie Fräulein di Piombo, dürfen Sie nicht immer von Moden und Bällen reden und Possen treiben.«

Als alle wieder an ihren Staffeleien saßen, nahm Servin dicht neben Ginevra Platz.

»War es nicht besser, dass das Geheimnis von mir als von einer anderen entdeckt wurde?«, sagte die Italienerin leise.

»Ja«, erwiderte der Maler. »Sie sind eine Patriotin; und selbst wenn Sie keine wären, würde ich es immer noch Ihnen eher anvertraut haben.«

Meister und Schülerin verstanden einander, und Ginevra scheute sich nicht mehr zu fragen: »Wer ist er?«

»Der intime Freund Labédoyères, derjenige, der nach dem unglückseligen Obersten am meisten zu dem Zusammenbringen des siebenten Regiments mit den Grenadieren der Insel Elba beigetragen hat. Er war Eskadronchef der Garde und kehrte von Waterloo zurück.«

»Weshalb haben Sie seine Uniform und seinen Czako nicht verbrannt und ihm Zivilkleider gegeben?«, fragte Ginevra lebhaft.

»Heute Abend sollen ihm welche gebracht werden.«

»Sie hätten unser Atelier für einige Tage schließen sollen.«

»Er wird bald fortgehen.«

»Will er denn sein Leben aufs Spiel setzen?«, sagte das junge Mädchen.

»Lassen Sie ihn doch hier während dieser ersten unruhigen Tage. Paris ist immer noch der einzige Ort in Frankreich, wo man einen Menschen sicher versteckt halten kann. Ist er ein Freund von Ihnen?«, fragte sie.

»Nein, er hat keinen anderen Anspruch auf meinen Schutz als sein Unglück. Dass er mir ins Haus gefallen ist, das kam so: Mein Schwiegervater, der während des Feldzugs wieder in Dienst getreten war, ist diesem armen jungen Mann begegnet und hat ihn sehr geschickt den Griffen derjenigen entrissen, die Labédoyère verhafteten. Er wollte sich noch wehren, der Unsinnige!«

»Sie nennen ihn so?«, rief Ginevra und blickte den Maler erstaunt an, der eine Weile Schweigen bewahrte.

»Mein Schwiegervater ist zu sehr von Spionen umgeben, als dass er jemanden bei sich Unterschlupf gewähren könnte«, fuhr er dann fort. »Er hat ihn bei Nacht in der vorigen Woche zu mir hergebracht. Ich hatte gehofft, ihn vor aller Augen verbergen zu können, als ich ihn in diesem Winkel unterbrachte, dem einzigen Ort im Hause, wo er sicher hätte sein können.«

»Wenn ich Ihnen dabei helfen kann, so verfügen Sie über mich«, sagte Ginevra, »ich kenne den Marschall Feltre.«

»Nun, wir wollen sehen«, erwiderte der Maler.

Die Unterhaltung währte zu lange, als dass sie nicht allen jungen Mädchen aufgefallen wäre. Servin verließ Ginevra, trat an jede Staffelei heran und gab so ausführliche Fingerzeige, dass er sich noch auf der Treppe befand, als die Stunde schlug, zu der seine Schülerinnen aufzubrechen pflegten.

»Sie haben Ihre Tasche vergessen, Fräulein Thirion«, sagte der Professor, der hinter dem jungen Mädchen hinunterging, die sich bis zum Spion herabwürdigte, um ihren Hass zu befriedigen.

Die neugierige Schülerin holte ihre Tasche und zeigte einiges Erstaunen über ihre Vergesslichkeit; aber Servins Aufmerksamkeit war für sie ein neuer Beweis für das Vorhandensein eines Geheimnisses, dessen Wichtigkeit ihr nicht zweifelhaft war; sie hatte schon alles erwogen, worin es hätte bestehen können, und konnte wie der Abbé Vertot sagen: »Meine

Belagerung ist fertig.« Sie ging geräuschvoll die Treppe hinab und schlug laut die Tür zu Servins Wohnung zu, um glauben zu machen, dass sie fortgegangen sei; dann aber stieg sie leise wieder hinauf und machte an der Tür des Ateliers halt. Als der Maler und Ginevra sich allein glaubten, klopfte er mit einem verabredeten Zeichen an die Tür der Mansarde, die sich sogleich auf ihren rostigen und kreischenden Angeln öffnete. Die Italienerin sah einen jungen, gut gewachsenen Mann erscheinen, dessen kaiserliche Uniform ihr Herzklopfen verursachte. Der Offizier hatte einen Arm in der Binde, und seine blasse Gesichtsfarbe verriet starke Schmerzen. Als er die Unbekannte erblickte, erschrak er. Amélie, die nichts sehen konnte, fürchtete, noch länger dazubleiben; es genügte ihr, dass sie das Kreischen der Tür gehört hatte, und sie entfernte sich lautlos.

»Fürchten Sie sich nicht«, sagte der Maler zu dem Offizier; »das Fräulein ist die Tochter des treuesten Freundes des Kaisers, des Barons di Piombo.«

Der junge Soldat hegte keinen Zweifel mehr an dem Patriotismus Ginevras, nachdem er sie betrachtet hatte.

»Sie sind verwundet?«, sagte sie.

»Oh, das bedeutet nichts, mein Fräulein, die Wunde heilt schon.«

In diesem Moment drangen die lauten und durchdringenden Stimmen der Zeitungsverkäufer bis ins Atelier hinauf: »Das Todesurteil gegen ...« Alle drei erzitterten. Der Offizier vernahm, zuerst einen Namen, der ihn erbeben ließ.

»Labédoyère!«, sagte er und ließ sich auf den Schemel fallen.

Sie sahen einander schweigend an. Schweißtropfen bildeten sich auf der blassen Stirn des jungen Mannes, er griff sich mit der Hand verzweifelt in die Locken seines schwarzen Haars und stützte seine Ellbogen auf den Rand von Ginevras Staffelei.

»Schließlich«, sagte er und erhob sich jäh, »wussten Labédoyère und ich doch, was wir taten. Wir kannten unser Los nach dem Triumph wie nach der Niederlage. Er aber stirbt für seine Sache, und ich, ich verstecke mich ...«

Er ging eilig zur Tür des Ateliers; aber Ginevra war ihm, schneller als er, zuvorgekommen und vertrat ihm den Weg.

»Werden Sie den Kaiser wieder auf den Thron setzen?«, sagte sie. »Glauben Sie, dass Sie diesen Riesen wieder aufrichten können, wenn er selbst sich nicht aufrechterhalten konnte?«

»Aber was soll denn aus mir werden?«, sagte jetzt der Flüchtling und wandte sich an die beiden Freunde, die ihm der Zufall beschert hatte. »Ich besitze keinen einzigen Verwandten auf der Welt; Labédoyère war mein Beschützer und mein Freund: Nun stehe ich allein da; morgen werde ich vielleicht proskribiert oder verurteilt sein, niemals habe ich mehr als meinen Sold besessen und meinen letzten Taler dazu verwendet, um Labédoyère seinem Schicksal zu entreißen und ihm zur Flucht zu verhelfen: Ich muss also sterben. Wenn man aber zu sterben entschlossen ist, so muss man verstehen, seinen Kopf dem Henker teuer zu verkaufen. Ich dachte eben daran, dass das Leben eines Ehrenmannes ebenso viel wert ist, wie das zweier Verräter, und dass ein wohlgezielter Dolchstoß einen unsterblich machen kann.«

Dieser Verzweiflungsausbruch erschreckte den Maler und auch Ginevra, die den jungen Mann wohl verstand. Die Italienerin war entzückt von seinem schönen Kopfe und seiner wundervollen Stimme, deren Süße kaum von seiner Aufregung beeinträchtigt wurde; dann legte sie plötzlich Balsam auf alle Wunden des Unglücklichen.

»Was Ihre Geldnot anlangt, mein Herr«, sagte sie, »so gestatten Sie mir, Ihnen meine Ersparnisse anzubieten. Mein Vater ist reich, ich bin sein einziges Kind, er liebt mich, und ich bin sicher, dass er mich deshalb nicht tadeln wird. Machen Sie sich keine Bedenken darüber, sie anzunehmen: Unser Vermögen stammt vom Kaiser her, wir besitzen nicht einen Centime, den wir nicht seiner Großmut zu verdanken haben. Ist es nicht Dankbarkeit, wenn wir einem seiner getreuen Soldaten helfen? Nehmen Sie also das Geld ebenso unbedenklich, wie ich es Ihnen anbiete. Es ist ja nur Geld«, fügte sie verächtlich hinzu. »Was nun Freunde anlangt, so werden Sie welche hier finden!« Sie erhob stolz ihr Haupt, und ihre Augen strahlten in ungewohntem Glanze. »Das Haupt, das morgen, von einem Dutzend Flintenkugeln getroffen, fallen wird, rettet das Ihrige«, fuhr sie fort. »Warten Sie, bis dieses Unwetter vorübergezogen sein wird, dann können Sie Dienste in der Fremde nehmen, wenn man Sie nicht ganz vergisst, oder in der französischen Armee, wenn man nicht mehr an Sie denkt.«

Wenn eine Frau Trostworte sagt, so geschieht es mit einer Zartheit, die immer etwas Mütterliches, etwas Voraussorgendes und Vollkommenes an sich hat; wenn aber solche hoffnungsreichen und friedvollen Worte mit reizvoller Geste und mit einer von Herzen kommenden Überredungskunst gesprochen werden, und vor allem wenn die Wohltäterin schön ist, dann wird es einem jungen Manne schwer, Widerstand zu leisten. Der Oberst sog mit allen Sinnen die Liebe in sich ein. Ein leichter rosiger Hauch zog über seine blassen Wangen, seine Augen verloren etwas von der Traurigkeit, die sie trübten, und er sagte mit besonderer Betonung: »Sie sind ein Engel an Güte ... Aber Labédoyère!«, fügte er hinzu, »Labédoyère!«

Bei diesem Aufschrei sahen sich alle drei schweigend an und verstanden einander. Sie waren nicht mehr wie Freunde seit zwanzig Minuten, sondern wie Freunde seit zwanzig Jahren.

»Mein Lieber«, erklärte Servin, »können Sie ihn retten?«

»Ich kann ihn rächen.«

Ginevra erzitterte: Wenn auch der Unbekannte ein schöner Mann war, so hätte sein Anblick das junge Mädchen noch nicht bewegt; das zarte Mitleid, das die Frauen für das Unglück, das nichts Niedriges an sich trägt, im Herzen haben, hatte bei Ginevra jede andere Regung erstickt; aber diesen Racheschrei zu hören, bei dem Flüchtling der Empfindung eines Italieners zu begegnen, der Hingebung für Napoleon und korsischem Edelmut ... das war zu viel für sie: Sie betrachtete nun den Offizier mit einer ehrfürchtigen Erregung, die ihr Herz höher schlagen machte. Zum ersten Mal hatte ein Mann einen so lebhaften Eindruck auf sie gemacht. Wie alle Frauen gefiel sie sich darin, die Seele des Unbekannten in Übereinstimmung mit seinen vornehmen Gesichtszügen und den edlen Verhältnissen seines Körpers, die sie als Künstlerin bewunderte, zu bringen. Von zufälliger Neugierde zum Mitleid, vom Mitleid zu lebhafter Anteilnahme geführt, erregte diese Teilnahme eine so tiefe Empfindung in ihr, dass sie es für gefährlich hielt, noch länger hier zu verweilen.

»Also auf morgen«, sagte sie und schenkte dem Offizier ihr süßestes Lächeln als Trost.

Als er dieses Lächeln wahrnahm, das ein neues Licht über Ginevras Antlitz verbreitete, vergaß der Unbekannte einen Augenblick alles andere.

»Morgen«, erwiderte er traurig, »morgen, Labédoyère ...«

Ginevra wandte sich um, legte den Finger auf die Lippen und sah ihn an, als ob sie sagen wollte: »Beruhigen Sie sich und seien Sie vorsichtig.«

Da rief der junge Mann: »O Dio! Che non vorrei vivere dopo averla veduta!«[1]

Die Betonung, mit der er diesen Satz aussprach, ließ Ginevra erbeben.

»Sie sind ein Korse?«, rief sie zurückkommend, während ihr das Herz vor Freude hüpfte.

»Ich bin auf Korsika geboren«, erwiderte er; »aber ich kam sehr jung nach Genua; und sobald ich das Alter erreicht hatte, in dem ich mit der Waffe dienen konnte, bin ich Soldat geworden.«

Die Schönheit des Unbekannten, die hohe Anziehungskraft, die ihm seine Anhänglichkeit an den Kaiser verlieh, seine Verwundung, sein Unglück, selbst die Gefahr, in der er schwebte, alles verschwand in Ginevras Augen, oder es lief vielmehr zusammen in einem einzigen, neuen, köstlichen Gefühl. Dieser Flüchtling war ein Sohn Korsikas, er sprach die geliebte Sprache! Das junge Mädchen blieb einen Augenblick unbeweglich stehen, wie von einem magischen Gefühle festgebannt: sie sah vor sich ein lebendes Bild, das alle Empfindungen des menschlichen Herzens und der Zufall mit leuchtenden Farben geschmückt hatten; auf einen Wink Servins hatte sich der Offizier auf einen Diwan gesetzt, der Maler hatte die Binde am Arme seines Gastes aufgeknüpft und begann den Verband abzulösen und die Wunde neu zu verbinden. Ginevra schauderte, als sie die lange tiefe Wunde sah, die die Klinge eines Säbels am Unterarm des jungen Mannes geschlagen hatte, und ließ einen Schmerzenslaut hören, der Unbekannte erhob sein Haupt und lächelte. Es lag etwas Rührendes und zu Herzen Gehendes in der Art, wie Servin die Charpie abnahm und das wunde Fleisch befühlte, während das, wenn auch blasse und leidende Gesicht des Verwundeten, beim Anblick des jungen Mädchens, mehr Freude als Schmerz ausdrückte. Ein Künstler hätte unwillkürlich diesen Widerstreit von Empfindungen und den Kontrast, den die Weiße der Wäsche und der nackte Arm mit dem Blau und Rot der Uniform des Offiziers bildeten, bewundert. Das Atelier hatte sich jetzt ein wenig verdunkelt; nur ein letzter Sonnenstrahl fiel auf den Platz, auf dem der Verwundete saß, sodass sein edles blasses Gesicht, sein schwarzes Haar

---

[1] »Oh, Gott, wer möchte nicht leben, wenn er sie gesehen hat!«

und seine Kleidung von Licht übergossen waren. Diesen an sich so einfachen Effekt hielt die abergläubische Italienerin für ein glückliches Vorzeichen. Der Unbekannte ähnelte so einem himmlischen Boten, der in der Sprache ihres Vaterlandes zu ihr redete und die süßen Kindheitserinnerungen in ihr wachrief, während in ihrem Herzen ein Gefühl keimte, ebenso jung und ebenso rein, wie ihre unschuldige Jugendzeit. Einen kurzen Augenblick verharrte sie nachdenklich und wie in unbegrenzte Gedanken versunken; dann errötete sie über ihre Befangenheit, wechselte schnell einen liebevollen Blick mit dem Flüchtling und entfernte sich, immer noch nach ihm hinblickend.

Am nächsten Tage, an dem kein Unterricht stattfand, kam Ginevra ins Atelier, und der Gefangene konnte bei seiner Landsmännin verweilen; Servin, der eine Skizze fertigzumachen hatte, erlaubte dem versteckt Gehaltenen dazubleiben, indem er den beiden jungen Leuten, die sich viel über Korsika unterhielten, als Mentor diente. Der Soldat erzählte von seinen Leiden bei der Flucht aus Moskau; er war, neunzehn Jahr alt, an der Beresina mit dabei gewesen, und zwar als Letzter seines Regiments, nachdem er in seinen Kameraden die einzigen Menschen verloren hatte, die sich noch für die Waise hätten interessieren können. Dann schilderte er in feurigen Zügen das große Unglück von Waterloo. Seine Stimme war Musik für die Italienerin. In Korsika aufgezogen, war Ginevra gewissermaßen ein Naturkind, sie wusste nichts von Lüge und gab sich ohne Umschweife ihren Gefühlen hin, sie trug sie zur Schau oder ließ sie vielmehr ahnen, ohne das kleinliche und berechnete Gebaren der Pariser jungen Mädchen. Während dieses Tages blieb sie mehr als einmal still sitzen, mit der Palette in der einen, den Pinsel in der andern Hand, ohne dass der Pinsel in die Farben der Palette getaucht wurde; die Augen auf den Offizier geheftet, den Mund halb geöffnet, hörte sie ihm zu, immer bereit, den Pinsel wieder anzusetzen, ohne dass sie es jemals tat. Sie war nicht erstaunt, so viel Süße in dem Blick des jungen Mannes zu sehen, denn sie fühlte, wie ihre Blicke ebenso wurden, trotz ihrer Absicht, ernst und ruhig auszusehen. Dann malte sie wieder mit besonderer Aufmerksamkeit ganze Stunden lang, ohne den Kopf zu erheben, weil er da saß, neben ihr, und sie arbeiten sah. Das erste Mal, als er sich neben sie setzte, um sie stillschweigend zu betrachten, sagte sie mit bewegter Stimme und nach langer Pause zu ihm: »Macht es Ihnen denn Vergnügen, malen zu sehen?« An diesem Tage erfuhr sie, dass er Luigi hieß. Bevor sie sich trennten, verabredeten sie, dass Ginevra an den Ateliertagen, wenn irgendein politisch wichtiges Ereignis einträte, ihn durch leises Singen gewisser italienischer Lieder davon in Kenntnis setzen solle.

Am nächsten Tage teilte Fräulein Thirion unter dem Siegel der Verschwiegenheit allen ihren Mitschülerinnen mit, dass Fräulein Ginevra di Piombo von einem jungen Mann geliebt werde, der sich während der Unterrichtsstunden in dem dunklen Zimmerchen neben dem Atelier aufhielt.

»Sie, die Sie ihre Partei nehmen«, sagte sie zu Fräulein Roguin, »achten Sie nur genau auf sie, und Sie werden sehen, wozu sie ihre Zeit verwendet.«

Ginevra wurde also mit höllischer Aufmerksamkeit beobachtet. Man horchte auf ihr Singen, man achtete auf ihre Blicke. Wenn sie von niemanden gesehen zu werden meinte, waren ein Dutzend Augen unaufhörlich auf sie gerichtet. So vorbereitet, legten sich die jungen Mädchen den wirklichen Grund der Erregung auf dem leuchtenden Gesicht der Italienerin und ihr Singen und ihre Aufmerksamkeit aus, mit der sie auf unbestimmte Töne zu horchen schien, die sie allein durch die Tür wahrnehmen konnte. Nach Verlauf einer Woche hatte als Einzige von den fünfzehn Schülerinnen Servins Laura der Neugierde widerstanden, Louis durch den Spalt in der Tür zu beobachten, und verteidigte in dem Gefühl ihrer Schwäche die schöne Korsin. Fräulein Roguin wollte, dass sie beim Weggehen auf der Treppe stehen bleiben sollte, um ihr das intime Verhältnis Ginevras zu dem schönen jungen Mann zu beweisen, indem sie sie zusammen sehen würde; aber sie weigerte sich, auf eine solche Spioniererei einzugehen, die von der Neugierde nicht gerechtfertigt war, und wurde dadurch der Gegenstand des allgemeinen Unwillens. Bald fand die Tochter des königlichen Türhüters es wenig angemessen, das Atelier eines Malers zu besuchen, dessen Anschauungen etwas von Patriotismus oder von Bonapartismus hatten, was zu dieser Zeit ein und dasselbe zu sein schien; sie kam also nicht mehr zu Servin. Wenn Amélie sich auch nicht mehr um Ginevra kümmerte, so trug das Böse, das sie ausgesät hatte, seine Früchte. Unmerklich, wie zufällig, berichteten, teils durch Schwatzhaftigkeit, teils aus Prüderie, alle andern jungen Mädchen ihren Müttern das merkwürdige Abenteuer, das sich im Atelier ereignet hatte. An einem Tage erschien Mathilde Roguin nicht mehr, bei der nächsten Stunde war es ein anderes junges Mädchen; endlich kamen auch die drei oder vier Damen, die bis zuletzt ausgeharrt hatten, nicht mehr wieder, und Ginevra war mit Fräulein Laura, ihrer kleinen Freundin, zwei- bis dreimal allein in dem verlassenen Atelier anwesend. Die Italienerin merkte die Einsamkeit, in der sie sich befand, gar nicht; sie suchte nicht einmal nach dem Grunde für die Abwesenheit ihrer Mitschülerinnen. Sobald sie ein Mittel gefunden hatte, um mit Louis in Verbindung zu treten, lebte sie in dem Atelier wie in reizender Verborgenheit, nur von dem Gedanken an den Offizier und die ihn bedrohenden Gefahren erfüllt. Das junge Mädchen, obwohl sie vornehme Charaktere, die ihre politische Meinung nicht preisgeben wollen, bewunderte, beschwor Louis doch, sich eilig der Autorität des Königs zu unterwerfen, weil sie ihn in Frankreich zurückbehalten wollte; Louis aber wollte das nicht tun, um sich aus seinem Versteck nicht zu entfernen. Wenn die Liebe nur entsteht und wächst in romantischen Situationen, so gab es wohl niemals ein solches Zusammenströmen davon wie hier, um zwei Wesen durch das gleiche Gefühl aneinander zu binden. Die nahen Beziehungen Ginevras und Louis zueinander machten hier in einem Monat schnellere Fortschritte als gesellschaftliche Beziehungen in einem Salon in zehn Jahren. Ist Missgeschick nicht ein Probierstein für den Charakter der Menschen? Ginevra konnte so leicht Louis schätzen und kennenlernen, und sie empfanden bald gegenseitig Achtung füreinander. Älter als Louis, empfand Ginevra einen gewissen Reiz darin, dass ihr von einem jungen Mann der Hof gemacht wurde, der schon so bedeutend, so vom Schicksal erprobt war und mit der Erfahrung des Mannes allen Zauber der Jugend vereinigte. Seinerseits fühlte Louis ein unaussprechliches Entzücken, dass er so deutlich sich der Gunst eines fünfundzwanzigjährigen Mädchens erfreute. War das nicht ein Beweis von Liebe? Die Vereinigung von Liebenswürdigkeit und Stolz, von Kraft und Schwäche machte die Anziehungskraft Ginevras unwiderstehlich: So wurde Louis völlig von ihr bezwungen. Sie liebten sich schließlich bereits so innig, dass sie nicht nötig hatten, es zu leugnen oder zu bekräftigen.

Eines Tages vernahm Ginevra gegen Abend das verabredete Zeichen: Louis kratzte mit einer Nadel an der Holzverkleidung so leise, dass es nicht mehr Geräusch machte, als wenn eine Spinne ihren Faden befestigt, und zeigte damit an, dass er aus seinem Versteck herauskommen wolle; sie sah sich im Atelier um, nahm die kleine Laura nicht wahr und antwortete auf das Zeichen; als aber Louis die Tür öffnete, bemerkte er die Schülerin und trat eiligst zurück. Erstaunt blickte Ginevra um sich, entdeckte Laura, ging zu ihrer Staffelei hin und sagte: »Sie bleiben sehr lange hier, meine Liebe, der Kopf scheint mir doch fertig zu sein, es ist nur noch ein Glanzlicht auf der Haarflechte anzubringen.«

»Es wäre sehr freundlich von Ihnen«, sagte Laura bewegt, »wenn Sie mir diese Kopie verbessern wollten, und ich so etwas von Ihnen aufbewahren könnte ...«

»Gern«, entgegnete Ginevra, die überzeugt war, sie so schneller verabschieden zu können. »Ich dachte«, sagte sie, während sie einige leichte Pinselstriche machte, »dass Sie einen weiten Weg von Hause bis zum Atelier zu machen hätten.«

»Ach, Ginevra, ich werde fortgehen, und zwar für immer!«, rief das junge Mädchen mit trauriger Gebärde aus.

»Sie wollen Herrn Servin verlassen?«, fragte die Italienerin, ohne dass sie über diese Worte so betroffen wurde, wie sie es einen Monat früher gewesen wäre.

»Ja, merken Sie denn nicht, Ginevra, dass seit einiger Zeit hier nur noch Sie und ich erscheinen?«

»Das ist wahr«, erwiderte Ginevra, die sich plötzlich an diesen Umstand erinnerte. »Sind die Damen krank, oder wollen sie sich verheiraten, oder haben ihre Väter alle Dienst im Schlosse?«

»Sie sind alle von Herrn Servin fortgegangen«, antwortete Laura.

»Und weshalb?«

»Ihretwegen, Ginevra.«

»Meinetwegen?«, wiederholte das korsische Mädchen und erhob sich mit drohender Stirne, stolzem Blick und funkelnden Augen.

»Oh, werden Sie nicht zornig, meine gute Ginevra«, rief Laura in schmerzlichem Tone. »Aber auch meine Mutter will, dass ich das Atelier verlasse. Alle jungen Mädchen hier haben erzählt, dass Sie hier ein Verhältnis angesponnen haben, und dass Herr Servin sich dazu hergäbe, einen jungen Mann, der Sie liebt, in dem dunklen Zimmer verweilen zu lassen; ich habe nie an diese Verleumdungen geglaubt und meiner Mutter nichts davon mitgeteilt. Aber gestern Abend hat Frau Roguin meine Mutter auf einem Ball getroffen und sie gefragt, ob sie mich immer noch herschicke. Auf die bejahende Antwort meiner Mutter hat sie ihr die Lügen der Damen wiedererzählt. Mama hat sehr mit mir gescholten, sie hat angenommen, dass ich alles dies wissen müsse und dass ich das Vertrauen, das zwischen Mutter und Tochter herrschen sollte, verletzt habe, weil ich mit ihr nicht darüber gesprochen hätte. Ach, meine liebe Ginevra, ich, die ich Sie mir immer als Vorbild genommen habe, ich bin so traurig, dass ich nicht mehr hier mit Ihnen zusammenbleiben darf ...«

»Wir werden uns in der Gesellschaft schon wieder begegnen; die jungen Mädchen verheiraten sich ja ...«, sagte Ginevra.

»Wenn sie reich sind«, antwortete Laura.

»Komm zu mir, mein Vater ist reich ...«

»Ginevra«, begann Laura wieder in zärtlichem Tone, »Frau Roguin und meine Mutter wollen morgen Herrn Servin aufsuchen und ihm Vorwürfe machen. Dass er wenigstens vorher davon benachrichtigt wird –«

Ein Blitz, der zwei Schritte neben Ginevra eingeschlagen hätte, würde sie weniger in Erstaunen gesetzt haben als diese Eröffnung.

»Aber was geht sie denn das an?«, sagte sie harmlos.

»Alle finden das sehr schlecht. Mama sagt, dass das ein Verstoß gegen die guten Sitten sei ...«

»Und wie denken Sie darüber, Laura?«

Das junge Mädchen sah Ginevra an, ihre Gedanken begegneten sich; Laura konnte die Tränen nicht mehr zurückhalten, warf sich Ginevra in die Arme und küsste sie. In diesem Moment erschien Servin.

»Fräulein Ginevra«, sagt er in begeisterter Stimmung, »mein Gemälde ist beendet, es wird jetzt gefirnisst. Aber was haben Sie denn? Mir scheint, dass alle die Damen hier Urlaub genommen haben, oder auf dem Lande sind.«

Laura trocknete ihre Tränen, grüßte Servin und zog sich zurück.

»Das Atelier ist seit mehreren Tagen vereinsamt«, sagte Ginevra, »und die Damen werden nicht mehr wiederkommen.«

»Was?«

»Oh, lachen Sie nicht«, fuhr Ginevra fort, »sondern hören Sie mich an; ich bin ohne mein Wollen die Ursache für den Verlust Ihres Rufes.«

Der Künstler unterbrach seine Schülerin lächelnd: »Meines Rufes? ... Aber in einigen Tagen wird ja mein Bild ausgestellt werden.«

»Es handelt sich nicht um Ihren künstlerischen, sondern um Ihren moralischen Ruf«, sagte die Italienerin. »Die Damen haben herumerzählt, dass Louis hier eingeschlossen war, und dass Sie ... unsere ... Liebe begünstigten ...«

»Daran ist etwas Wahres, mein Fräulein«, erwiderte der Professor. »Die Mütter der jungen Damen sind Zierpuppen«, fuhr er fort. »Würden sie mich aufgesucht haben, so hätte sich alles aufgeklärt. Aber was gehen mich solche Geschichten an. Dazu ist das Leben zu kurz!«

Louis, der einen Teil dieses Gespräches mit angehört hatte, kam herein.

»Sie werden alle Ihre Schülerinnen verlieren«, rief er, »und ich werde derjenige sein, der Sie zugrunde richtet.«

Der Künstler nahm die Hände Louis' und Ginevras und legte sie zusammen. »Werdet ihr euch heiraten, meine Kinder?«, fragte er mit rührender Einfachheit. Beide senkten die Augen, und ihr Schweigen war das erste Geständnis, das sie einander machten.

»Also«, fuhr Servin fort, »ihr werdet glücklich werden, nicht wahr? Und gibt es etwas, was das Glück zweier Wesen, wie ihr seid, aufwiegt?«

»Ich bin reich«, sagte Ginevra, »Sie werden mir erlauben, Sie zu entschädigen ...«

»Mich entschädigen? ...«, rief Servin. »Wenn man erfahren wird, dass ich das Opfer von Verleumdungen irgendwelcher Törinnen gewesen bin, und dass ich einen Flüchtling verborgen gehalten habe, dann werden mir ja alle Liberalen in Paris ihre Töchter schicken! Und vielleicht werde ich dann Ihr Schuldner sein ...«

Louis drückte seinem Beschützer die Hand, ohne ein Wort hervorbringen zu können; schließlich sagte er in gerührtem Tone: »Ich werde Ihnen also all mein Glück zu verdanken haben.«

»Seid glücklich, ich füge euch zusammen«, sagte der Maler in komisch salbungsvollen Ton und legte seine Hände auf die Köpfe der beiden Liebenden.

Dieser Künstlerscherz machte ihrer Rührung ein Ende. Sie sahen sich alle drei an und lachten. Die Italienerin drückte Louis heftig und mit einfacher, ihrer heimatlichen Sitten würdiger Gebärde die Hand.

»Aber, Kinder«, begann Servin wieder, »wenn ihr glaubt, dass all das nun glatt nach Wunsch gehen wird, dann täuscht ihr euch.«

Die beiden Liebenden blickten ihn erstaunt an.

»Seid davon überzeugt, dass ich der Einzige bin, der mit euerm Streich einverstanden ist! Frau Servin ist ein wenig ›altmodisch‹, und ich weiß wirklich nicht, wie wir ihr das beibringen werden.«

»Ach, mein Gott, ich vergaß ja«, rief Ginevre, »dass morgen Frau Roguin und Lauras Mutter Sie aufsuchen wollen ...«

»Ich verstehe!«, unterbrach sie der Maler.

»Aber Sie können sich rechtfertigen«, fuhr das junge Mädchen mit einer stolzen Kopfbewegung fort.

»Herr Louis«, sagte sie und sah ihn mit schlauem Gesicht an, »wird doch keinen Widerwillen mehr gegen das königliche Regiment haben? Nun«, fuhr sie fort, als er lächelte, »morgen werde ich ein Gesuch an eine der einflussreichsten Persönlichkeiten im Kriegsministerium einreichen, an einen Mann, der der Tochter des Barons di Piombo nichts abschlagen kann. Wir werden für den Major stillschweigend Pardon erhalten, denn den Rang eines Obersten werden ›sie‹ ihm nicht zuerkennen wollen. Und Sie«, wandte sie sich an Servin, »Sie werden die Mütter meiner wohlwollenden Mitschülerinnen verblüffen, wenn Sie ihnen die Wahrheit sagen.«

»Sie sind ein Engel!«, rief Servin.

Während sich diese Szene im Atelier abspielte, waren der Vater und die Mutter in Unruhe darüber, dass sie noch nicht heimgekehrt war.

»Es ist sechs Uhr, und Ginevra ist noch nicht zurück!«, rief Bartolomeo.

»Sie ist noch nie so spät zurückgekommen«, antwortete Piombos Frau.

Die beiden Alten sahen sich mit allen Anzeichen ungewöhnlicher Besorgnis an. Zu unruhig, um still zu sitzen, erhob sich Bartolomeo und ging zweimal im Salon mit einer für einen siebenundsiebzigjährigen Mann ziemlich ungewöhnlichen Schnelligkeit auf und ab. Dank seiner robusten Konstitution hatte er sich seit dem Tage seiner Ankunft in Paris wenig verändert und hielt sich, trotz seiner großen Figur, immer noch gerade. Sein weißes spärliches Haar ließ eine breite vorspringende Stirn frei, die deutlich seinen Charakter und die Festigkeit seines Wesens anzeigte. Sein von tiefen Runzeln durchzogenes Gesicht hatte sich sehr verändert und besaß den matten Teint, der Achtung einflößt.

Das Feuer der Leidenschaft leuchtete noch aus dem übernatürlichen Glanz seiner Augen, deren Brauen noch nicht ganz weiß geworden waren und ihr schreckenerregendes Runzeln beibehalten hatten. Der Eindruck dieses Kopfes war ernst, aber man sah, dass Bartolomeo das Recht besaß, so zu erscheinen. Seine Güte, seine Sanftmut kannten nur seine Frau und seine Tochter. In seinem Dienst und vor Fremden vergaß er nie die erhabene Haltung, die das Alter ihm gebot; und die Gewohnheit, die dicken Brauen zu runzeln, das faltige Antlitz zusammenzuziehen und seinem Blick eine napoleonische Starrheit zu verleihen, bewirkten, dass er einen eisigen Eindruck machte. Während seines politischen Dienstes war er so allgemein gefürchtet, dass er für wenig gesellig galt; aber dieser Ruf war nicht schwer zu erklären. Das Leben, die Moral und die Treue Piombos waren eine Anklage gegen die Mehrzahl der Höflinge. Trotz der vertraulichen Aufträge, die seiner Diskretion anvertraut waren, und die für jeden andern einbringlich gewesen wären, besaß er nicht mehr als etwa dreißigtausend Franken Rente aus Eintragungen ins Staatsschuldbuch. Wenn man den niedrigen Kurs der Renten unter dem Kaiserreich bedenkt und Napoleons Freigebigkeit gegenüber seinen getreuen Dienern, die zu bitten verstanden, so kann man leicht erkennen, dass der Baron di Piombo von strenger Rechtlichkeit war; er verdankte seine Erhebung zum Baron nur der Notwendigkeit, in die sich Napoleon versetzt sah, ihm einen solchen Titel zu geben, als er ihn an einen fremden Hof entsandte. Bartolomeo hatte immer einen unversöhnlichen Hass gegen die Verräter gezeigt, mit denen sich Napoleon umgab in dem Glauben, sie durch seine Siege gewinnen zu können. Wie man sagt, war er es, der drei Schritte nach der Tür des kaiserlichen Kabinetts machte, nachdem er ihm den Rat gegeben hatte, sich dreier Männer in Frankreich zu entledigen, und zwar am Abend vor seiner Abreise zu dem berühmten und bewunderungswürdigen Feldzuge von 1814. Seit der zweiten Rückkehr der Bourbonen trug Bartolomeo nicht mehr den Orden der Ehrenlegion. Niemals bot jemand ein schöneres Bild jener alten Republikaner dar, der unbestechlichen Freunde des Kaiserreichs, die als lebendige Reste der zwei kraftvollsten Regierungen, die die Welt gesehen hat, zurückgeblieben waren. Wenn der Baron di Piombo auch etlichen Höflingen missfiel, so hatte er die Daru, Drouot, Carnot zu Freunden. Um die übrigen Politiker kümmerte er sich seit Waterloo ebenso viel wie um den Rauch seiner Zigarre. Bartolomeo di Piombo hatte mithilfe der ziemlich bescheidenen Summe, die »Madame«, die Mutter des Kaisers, ihm für seine korsischen Besitzungen bezahlt hatte, das alte Hôtel de Portenduère angekauft, in dem er keinerlei Änderungen vornahm. Fast immer auf Kosten der Regierung untergebracht, bewohnte er das Haus erst seit der Katastrophe von Fontainebleau. Als einfache, vornehm denkende Leute gaben der Baron und seine Frau nichts auf äußeren Luxus; ihre Möbel waren die alten des Hotels. Die hohen, großen, dunklen und kahlen Zimmer der Wohnung, die breiten Spiegel in alten, fast schwarz gewordenen vergoldeten Rahmen, und das ganze Mobiliar aus der Zeit Ludwigs XIV. passten zu Bartolomeo und seiner Frau mit ihrer antiken Würde. Unter der Regierung des Kaisers und während der hundert Tage hatte der alte Korse bei seinen reich bezahlten Ämtern ein großes Haus ausgemacht, aber mehr, um seiner Stellung Ehre zu machen, als in der Absicht zu glänzen. Seine und seiner Frau Lebensführung war so einfach, so still, dass ihr bescheidenes Vermögen ihren Bedürfnissen genügte. Für sie wog ihre Tochter Ginevra alle Schätze der Welt auf. So empfand Ginevra, als im Mai 1814 der Baron di Piombo seine Stellung aufgab, seine Dienerschaft verabschiedete und seinen Stall auflöste, einfach und ohne Ansprüche auf Luxus, wie ihre Eltern keinerlei Bedauern darüber: Wie bei großdenkenden Seelen bestand ihr Luxus in der Stärke der Gefühle, wie sie ihr Glück in der Einsamkeit und der Arbeit fand. Und dann liebten sich diese drei Wesen zu sehr, als dass die Äußerlichkeiten des Daseins irgendwelchen Wert in ihren Augen gehabt hätten. Häufig, und besonders seit dem zweiten, so furchtbaren Sturz Napoleons verbrachten Bartolomeo und seine Frau köstliche Abende bei dem Klavierspiel und dem Gesang Ginevras. Ihre Gegenwart und ihre geringste Äußerung gewährte ihnen eine unglaubliche heimliche Freude, sie folgten ihr mit zärtlich besorgten Augen, sie hörten ihren Schritt im Hofe, so leicht er auch sein mochte. Gleichwie Verliebte konnten sie zu dritt ganze Stunden stillschweigend verbringen, indem sie so ihre Seelen besser als mit Worten sprechen ließen. Diese heiße Liebe, die das ganze Leben der beiden Alten ausmachte, belebte all ihr Denken. Sie waren nicht mehr drei, sondern ein einziges Wesen, das ähnlich der Flamme eines Herdes sich in drei Feuerzungen geteilt hat. Wenn zuweilen die Erinnerungen an die Wohltaten und das Unglück Napoleons oder die gegenwärtige Politik über die beständige Sorge der beiden Alten triumphierten, so konnten sie darüber reden, ohne die Gemeinsamkeit ihrer Gedanken zu beeinträchtigen: Teilte nicht Ginevra auch ihre politischen Anschauungen? Was war also natürlicher, als dass sie sich mit leidenschaftlicher Liebe in das Herz ihres einzigen Kindes flüchteten? Bisher hatte öffentliche Tätigkeit die Energie des Barons di Piombo in Anspruch genommen; aber als er seine Ämter aufgab, empfand der Korse das Bedürfnis, seine Kraft auf das letzte Empfinden, das ihm noch geblieben war, zu konzentrieren; und dann gab es, abgesehen von dem Bande, das Vater und Mutter mit ihrer Tochter verbindet, ohne dass diese drei despotischen Seelen es wussten, vielleicht noch einen stärkeren Grund für ihre gegenseitige leidenschaftliche Liebe: sie liebten einander, ohne mit andern teilen zu müssen; Ginevras ganzes Herz gehörte ihrem Vater, wie ihr dasjenige Piombos; und schließlich, wenn es wahr ist, dass wir aneinanderhängen mehr um unserer Fehler als um unserer Vorzüge willen, so entsprach Ginevra wunderbar genau allen leidenschaftlichen Gefühlen ihres Vaters. Das war die einzige Unvollkommenheit in diesem Leben zu dritt. Ginevra besaß ganz seinen starken Willen, sie war rachsüchtig und ließ sich hinreißen, ganz so wie Bartolomeo in seiner Jugend. Der Korse gefiel sich darin, diese wilden Neigungen in dem Herzen seiner Tochter noch zu bestärken, genau so, wie wenn ein Löwe seinen Jungen beibringt, sich auf die Beute zu stürzen. Aber diese Erziehung zur Rache konnte nur im elterlichen Hause vor sich gehen, Ginevra verzieh ihrem Vater nichts, und er musste ihr nachgeben. Piombo betrachtete diese weit herbeigeholten Streitigkeiten nur als Kindereien; aber sein Kind nahm daraus den Anlass, seine Eltern zu beherrschen. Bei Gelegenheit solcher häuslichen Unwetter, zu denen Bartolomeo sie gern noch reizte, genügten ein zärtliches Wort und ein Blick, ihre aufflammenden Seelen zu beruhigen, und sie waren nie so dicht vor einer Umarmung, als wenn sie sich eben bedroht hatten. Aber seit etwa fünf Jahren vermied Ginevra, klüger als ihr Vater, beständig solche Szenen. Ihr treuer Sinn, ihre Hingebung, die Liebe, die in allem ihrem Denken vorherrschte, und ihr bewunderungswürdiger gesunder Menschenverstand hegten über ihren Zorn; allein es hatte sich nichtsdestoweniger ein recht erhebliches Übel daraus ergeben: Ginevra lebte mit ihrem Vater und ihrer Mutter auf dem Fuße der Gleichberechtigung, die immer unheilvoll ist. Um endlich zu erklären, was für Veränderungen mit diesen drei Menschen seit ihrer Ankunft in Paris vorgegangen waren, genügt es zu sagen, dass Piombo und seine Frau, Leute ohne Bildung, Ginevra ihre Studien ganz nach ihrem Belieben hatten treiben lassen. Je nach ihren Launen hatte das junge Mädchen alles angefangen und wieder im Stich gelassen, indem sie jeder Neigung folgte und sie wieder aufgab, bis schließlich die Malerei ihre beherrschende Leidenschaft wurde; sie wäre vollkommen gewesen, wenn ihre Mutter vermocht hätte, ihre Erziehung zu leiten, ihren Geist zu bilden und ihre natürlichen Gaben in Einklang miteinander zu setzen; ihre Fehler waren die Folge der unheilvollen Unterweisung, die ihr der alte Korse mit besonderer Freude gegeben hatte.

Nachdem der Alte das Holz des Fußbodens unter seinen Schritten hatte krachen lassen, klingelte er. Ein Diener erschien jetzt.

»Gehen Sie Fräulein Ginevra entgegen«, sagte er.

»Ich habe immer bedauert, dass wir keinen Wagen mehr für sie haben«, bemerkte die Baronin.

»Sie wollte ja keinen haben«, antwortete Piombo und sah seine Frau an, die, seit vierzig Jahren an Gehorsam gewöhnt, die Augen niederschlug.

Schon siebzigjährig, groß, hager, blass und runzlig, glich die Baronin völlig den alten Frauen, die Schnetz auf seinen italienischen Genrebildern anbringt; sie war für gewöhnlich so schweigsam, dass man sie für eine zweite Frau Shandy halten konnte; aber ein Wort, ein Blick, eine Geste bewiesen, dass ihr Empfinden seine jugendliche Kraft und Frische bewahrt hatte. Ihre Toilette, fern von jeder Koketterie, war oft geschmacklos. Sie verhielt sich gewöhnlich passiv, war in einen Sessel versunken wie eine Sultanin-Mutter, während sie auf Ginevra, ihren Stolz und ihr Alles, wartete oder sie bewunderte. Die Schönheit, die Toilette, die Grazie ihrer Tochter schien sie wie zu sich gehörig zu betrachten. Alles erschien ihr vortrefflich, wenn Ginevra glücklich war. Ihr Haar war weiß geworden, und etliche Flechten lagen über ihrer weißen, runzligen Stirn oder an ihren ausgehöhlten Wangen.

»Es sind jetzt vierzehn Tage«, sagte sie, »seitdem Ginevra immer etwas zu spät kommt.«

»Jean wird nicht schnell genug gehen, rief jetzt der ungeduldige Alte aus, knöpfte seinen blauen Rock zu, setzte einen Hut auf, nahm seinen Stock und entfernte sich.

»Du brauchst nicht weit zu gehen«, rief ihm seine Frau nach.

Und in der Tat wurde jetzt das Hoftor geöffnet und geschlossen, und die alte Mutter hörte Ginevras Schritt im Hofe. Bartolomeo erschien plötzlich wieder, während er seine Tochter, die sich in seinen Armen dagegen wehrte, triumphierend hereintrug.

»Da ist sie, die Ginevra, die Ginevretina, die Ginevrina, die Ginevrola, die Ginevretta, die schöne Ginevra!«

»Aber Vater, du tust mir weh.«

Sogleich wurde Ginevra vorsorglich auf die Erde gestellt. Sie schüttelte den Kopf mit graziöser Bewegung, um ihre erschreckte Mutter zu beruhigen und ihr anzudeuten, dass das nur eine List war. Das hagere, blasse Gesicht der Baronin gewann wieder Farbe und eine gewisse Heiterkeit. Piombo rieb sich mit gewaltiger Anstrengung die Hände, was bei ihm das sicherste Zeichen von Freude war; er hatte sich das bei

Hofe angewöhnt, wenn er sah, wie Napoleon in Zorn geriet über Generale oder Minister, die ihm nicht richtig dienten, oder die einen Fehler begangen hatten. Waren seine Gesichtsmuskeln einmal entspannt, so strahlte Wohlwollen von jeder Runzel seiner Stirn. Die beiden Alten boten jetzt genau das Bild von kranken Pflanzen, denen nach langer Trockenheit ein bisschen Wasser das Leben wiedergibt.

»Zu Tisch, zu Tisch!«, rief der Baron und reichte seine breite Hand Ginevra, die er jetzt, ein anderes Zeichen seiner Freude, Fräulein Piombellina nannte, was seine Tochter mit einem Lächeln beantwortete.

»Hör mal«, sagte Piombo, als sie vom Tisch aufstanden, »weißt du, dass deine Mutter mich darauf aufmerksam gemacht hat, dass du seit einem Monat viel länger als sonst in deinem Atelier bleibst? Mir scheint, dass erst die Malerei und dann wir kommen.«

»Oh, lieber Vater ...«

»Ginevra will uns gewiss eine Überraschung vorbereiten«, sagte die Mutter.

»Willst du mir ein Gemälde von dir bringen?« ... rief der Korse und schlug sich in die Hände.

»Ja, ich bin jetzt sehr beschäftigt im Atelier«, antwortete sie.

»Was ist dir denn, Ginevra? Du wirst blass!«, sagte die Mutter.

»Nein!«, rief das junge Mädchen mit entschlossener Gebärde, »nein, man soll von Ginevra Piombo nicht sagen, dass sie ein einziges Mal in ihrem Leben gelogen hat!«

Bei diesem merkwürdigen Ausruf betrachteten Piombo und seine Frau ihre Tochter erstaunt.

»Ich liebe einen jungen Mann«, fügte sie mit bewegter Stimme hinzu. Dann schlug sie, ohne dass sie wagte, ihre Eltern anzusehen, ihre langen Wimpern nieder, als wollte sie das Feuer ihrer Augen verhüllen.

»Ist es ein Prinz?«, fragte ihr Vater ironisch in einem Tone, der Mutter und Tochter erzittern ließ.

»Nein, Vater«, erwiderte sie bescheiden, »es ist ein junger Mann ohne Vermögen ...«

»It er denn so schön?«

»Er ist ein Unglücklicher.«

»Was treibt er?«

»Er ist ein Kamerad Labédoyéres, er war flüchtig, ohne ein Asyl; Servin hielt ihn versteckt, und ...«

»Servin ist ein anständiger Mensch, der sich gut bewährt hat; aber du handelst schlecht, du, meine Tochter, wenn du einen andern Mann liebst als deinen Vater ...

»Es hängt nicht von mir ab, ob ich liebe«, erwiderte Ginevra sanft.

»Ich schmeichelte mir damit«, begann ihr Vater wieder, »dass meine Ginevra mir bis zu meinem Tode treu bleiben würde, dass meine und ihrer Mutter Sorge um sie ihr genügen würden, dass unsre zärtliche Liebe keiner andern Rivalin in ihrer Seele begegnen würde, und dass ...«

»Habe ich Ihnen Ihre fanatische Liebe zu Napoleon vorgeworfen?«, sagte Ginevra. »Haben Sie nur mich geliebt? Sind Sie nicht monatelang anderswo als Gesandter gewesen? Habe ich nicht mutig Ihre Abwesenheit ertragen? Das Leben zwingt zu Dingen, die man ertragen muss.«

»Ginevra!«

»Nein, Sie lieben mich nicht um meiner selbst willen, und Ihre Vorwürfe verraten einen unerträglichen Egoismus.«

»Du machst deinem Vater Vorwürfe um seiner Liebe willen?«, rief Piombo mit flammenden Augen.

»Vater, ich werde Ihnen niemals Vorwürfe machen«, entgegnete Ginevra in sanfterem Tone, als ihre zitternde Mutter erwartet hatte. »Sie haben mit Ihrem Egoismus ebenso recht wie ich mit meiner Liebe. Der Himmel ist mein Zeuge, dass niemals eine Tochter ihre Pflichten gegen die Eltern getreuer erfüllt hat als ich. Und ich habe nur Glück und Liebe darin gefunden, wo andere oft eine Pflicht gesehen haben. Es sind jetzt fünfzehn Jahre her, dass ich mich nicht aus der Hut eurer beschützenden Flügel entfernt habe, und es war eine sehr süße Freude für mich, eure Tage zu verschönern. Aber bin ich denn undankbar, wenn ich mich dem Glück der Liebe hingebe und einen Gatten haben will, der mich auch nach euch beschützt?«

»Ah, du rechnest mit dem Alter deines Vaters, Ginevra!«, entgegnete der Alte in finsterem Tone.

Es entstand eine Pause, während der niemand zu reden wagte. Endlich unterbrach Bartolomeo das Schweigen, indem er mit herzzerreißendem Tone ausrief: »Oh, bleib bei uns, bleib bei deinem alten Vater! Ich kann es nicht mitansehen, wenn du einen andern liebst. Ginevra, du wirst ja nicht lange auf deine Freiheit zu warten brauchen ...«

»Aber bedenken Sie doch, Vater, dass wir uns nicht verlassen, dass wir beide Sie lieben und dass Sie in ihm einen Mann kennenlernen werden, dessen Hut Sie mich überlassen können! Sie werden zwiefach mit Liebe umgeben sein, von mir und von ihm: von ihm und von mir, die wir einer des andern zweites Ich sind.«

»Ach, Ginevra, Ginevra!«, rief der Korse und presste seine Hände zusammen, »warum hast du nicht geheiratet, als Napoleon mich an diesen Gedanken gewöhnt hatte und er dir Herzöge und Grafen anbot?«

»Weil diese mich nur auf Befehl liebten«, sagte das junge Mädchen. »Und im Übrigen, weil ich euch nicht verlassen wollte und sie mich mit sich weggenommen hätten!

»Du willst uns nicht allein lassen, sagte Piombo; »aber wenn du dich verheiratest, dann lässt du uns allein! Ich kenne meine Tochter, du würdest uns doch nicht mehr lieben.« – »Elisa«, fügte er hinzu und sah seine Frau an, die unbeweglich und wie verstört dasaß, »wir haben keine Tochter mehr, sie will sich verheiraten!«

Der Greis setzte sich, nachdem er die Hände zum Himmel erhoben hatte, als wolle er Gott anflehen; dann verharrte er zusammengekauert, als ob ihn sein Kummer zu Boden drücke. Ginevra bemerkte die Erregung ihres Vaters und die Art, wie er seinen Zorn mäßigte, ging ihr zu Herzen; sie hatte Zornausbrüche, Äußerungen von Wut erwartet, aber sie war nicht gegen die väterliche Sanftmut gewappnet.

»Nein, lieber Vater«, sagte sie, »Sie werden niemals von Ihrer Ginevra im Stiche gelassen werden. Aber lieben Sie sie auch ein wenig um ihretwillen. Ach, wenn Sie wüssten, wie ›er‹ mich liebt! Er würde mir keinen Kummer verursachen!«

»Schon wieder solche Vergleiche!«, rief Piombo mit schrecklicher Stimme aus. »Nein, ich kann diesen Gedanken nicht ertragen«, fuhr er fort. »Liebte er dich so, wie du es verdienst, so würde er mich töten; und wenn er dich nicht liebte, so würde ich ihn erdolchen!

Piombo zitterten die Hände, die Lippen, der Körper, und seine Augen schleuderten Blitze; Ginevra allein konnte seinen Blick ertragen, denn dann erglühten auch ihre Augen, und die Tochter war des Vaters würdig.

»Oh, dich lieben! Wer ist der Mann, der deiner würdig wäre!«, fuhr er fort. »Dich so lieben wie ein Vater, dass heißt ja schon im Paradies leben; aber wer wird würdig sein, dein Gatte zu werden?«

»Er«, sagte Ginevra, »er, dessen ich mich nicht würdig fühle.«

»Er?«, wiederholte Piombo mechanisch. »Wer ist der ›er‹?«

»Der, den ich liebe.«

»Kann er dich denn schon genug kennen, um dich anzubeten?«

»Aber, Vater«, wandte Ginevra ungeduldig werdend ein, »wenn er mich nicht liebte, da doch ich ihn liebe ...«

»Du liebst ihn also?«, rief Piombo. Ginevra neigte ein wenig das Haupt. »Du liebst ihn also mehr als uns?«

»Diese beiden Gefühle lassen sich nicht vergleichen«, erwiderte sie.

»Das eine ist stärker als das andere«, sagte Piombo.

»Ich glaube, ja«, entgegnete Ginevra.

»Du wirst ihn nicht heiraten!«, schrie der Korse mit einer Stimme, die die Fenster des Salons erklirren ließ.

»Ich werde ihn heiraten«, antwortete Ginevra ruhig.

»Mein Gott, mein Gott!«, rief die Mutter, »wie soll dieser Streit enden? Santa Vergine! Mach ihm ein Ende.«

Der Baron, der mit langen Schritten auf und ab gegangen war, setzte sich; eine eisige Strenge prägte sich auf seinem Antlitz aus, er sah seine Tochter starr an und sagte dann mit ruhiger leiserer Stimme: »Also Ginevra, nein, du wirst ihn nicht heiraten. Oh, antworte mir heute nicht mit Ja ... lass mich an das Gegenteil glauben. Willst du deinen Vater mit seinen weißen Haaren auf den Knien vor dir sehen? Ich werde dich anflehen ...«

»Ginevra Piombo ist nicht gewöhnt, ihr Versprechen nicht zu halten«, antwortete sie. »Ich bin Ihre Tochter.«

»Sie hat recht«, sagte die Baronin; »wir sind geboren, um uns zu verheiraten.

»Also du bestärkst sie noch in ihrem Ungehorsam?«, sagte der Baron zu seiner Frau, die von diesen Worten betroffen starr wie eine Statue wurde.

»Das ist kein Ungehorsam, wenn man sich einem ungerechten Befehl nicht fügt«, antwortete Ginevra.

»Er kann nicht ungerecht sein, wenn er aus dem Munde deines Vaters kommt, mein Kind! Weshalb rechtest du mit mir? Der Widerwille, den ich empfinde, ist das nicht ein Wink von oben? Vielleicht bewahre ich dich vor einem Unglück?«

»Ein Unglück wäre nur, wenn er mich nicht liebte.«

»Immer er!«

»Ja, immer«, fuhr sie fort. »Er ist mein Leben, mein Schatz, mein Denken. Selbst wenn ich Ihnen gehorchte, würde er immer in meinem Herzen leben. Mir zu verbieten, ihn zu heiraten, hieße das nicht, dass ich Sie hassen soll?«

»Du liebst uns nicht mehr!«, rief Piombo. »Oh!«, sagte Ginevra und schüttelte den Kopf.

»Nun, dann vergiss ihn und bleibe uns treu. Nach uns ... du verstehst! ...«

»Vater, wollen Sie, dass ich Ihren Tod herbeisehne?«, rief Ginevra.

»Ich werde länger leben als du! Kinder, die ihre Eltern nicht ehren, sterben bald«, rief ihr Vater in letzter Verzweiflung.

»Ein Grund mehr, um mich schnell zu verheiraten und glücklich zu werden!«, sagte sie.

Diese Kaltblütigkeit, dieses Überwiegen des Verstandes brachten Piombo außer sich, das Blut stieg ihm heftig zu Kopf und sein Gesicht wurde dunkelrot. Ginevra erschrak; wie ein Vogel sprang sie auf die Knie ihres Vaters, schlang ihren Arm um seinen Hals, streichelte sein Haar und rief voll Zärtlichkeit: »O ja, ich werde zuerst sterben! Ich würde dich nicht überleben, mein Vater, mein guter Vater!«

»Oh, meine Ginevra! Meine tolle Ginevra!«, erwiderte Piombo, dessen ganzer Zorn bei diesen Worten schmolz wie Eis unter den Strahlen der Sonne.

»Es war Zeit, dass ihr ein Ende machtet«, sagte die Baronin bewegt.

»Arme Mutter!«

»Ach, Ginevra! Meine schöne Ginevra! Und der Vater spielte mit seiner Tochter wie mit einem sechsjährigen Kinde, er amüsierte sich damit, ihre langen Haarflechten aufzumachen, er ließ sie auf den Knien tanzen; er war wie toll in dem Ausdruck seiner Zärtlichkeiten. Bald schalt ihn seine Tochter, während sie ihn umarmte, und versuchte scherzend, die Erlaubnis zu erhalten, dass Louis sie besuchen dürfe. Aber selbst im

Scherz weigerte sich der Vater. Sie schmollte, kam wieder zu ihm, schmollte von Neuem; endlich, am Ende des Abends, begnügte sie sich damit, ihrem Vater den Gedanken an ihre Liebe zu Louis und an eine baldige Heirat eingeprägt zu haben. Am nächsten Tage sprach sie nicht mehr von ihrer Liebe, ging später ins Atelier, kam zeitig nach Hause, benahm sich zärtlicher als je gegen ihren Vater und zeigte sich voller Dankbarkeit, als ob sie ihm für die stillschweigende Einwilligung zu ihrer Heirat danken wolle. Am Abend musizierte sie lange und rief häufig: »Für dieses Nocturno wäre eine Männerstimme nötig!« Sie war eine Italienerin, damit ist alles gesagt. Nach Verlauf von acht Tagen kam sie auf einen Wink zu ihrer Mutter, die leise zu ihr sagte: »Ich habe den Vater so weit, dass er ihn empfangen will.«

»Oh, Mutter, wie glücklich machst du mich!«

An diesem Tage war Ginevra endlich so glücklich, mit Louis am Arm in ihres Vaters Haus zurückzukehren. Zum zweiten Mal verließ der arme Offizier sein Versteck. Die lebhaften Bemühungen Ginevras bei dem Herzog von Feltre, dem damaligen Kriegsminister, hatten vollen Erfolg gehabt. Louis wurde wieder in die Liste der Offiziere zur Disposition aufgenommen. Das war ein sehr wichtiger Schritt auf dem Wege zu einer besseren Zukunft. Von seiner Geliebten in Kenntnis aller Schwierigkeiten gesetzt, die ihn bei dem Baron erwarteten, wagte der junge Bataillonskommandeur nicht, seine Furcht, dass er ihm nicht gefallen würde, einzugestehen. Dieser im Unglück so mutige, auf dem Schlachtfeld so tapfere Mann zitterte bei dem Gedanken an sein Erscheinen im Salon der Piombos. Ginevra verspürte dieses Erzittern, und die Aufregung, der die Sorge für ihr Glück zugrunde lag, war für sie ein neuer Beweis seiner Liebe.

»Wie bleich du bist!«, sagte sie, als sie an der Haustür anlangten.

»Oh, Ginevra! Wenn es sich nur um mein Leben handelte!«

Obwohl Bartolomeo von seiner Frau erfahren hatte, dass ihm der, den Ginevra liebte, offiziell vorgestellt werden sollte, blieb er doch in seinem Sessel, den er gewöhnlich benutzte, sitzen, und seine Stirn zeigte eine Eiseskälte.

»Lieber Vater«, sagte Ginevra, »ich bringe Ihnen hier jemanden, den Sie gewiss gern begrüßen werden, Herrn Louis, einen Soldaten, der ein paar Schritt neben dem Kaiser bei Mont-Saint-Jean gekämpft hat ...«

Der Baron von Piombo erhob sich, warf einen flüchtigen Blick auf Louis und sagte in hämischem Tone: »Der Herr ist nicht dekoriert worden?«

»Ich trage den Orden der Ehrenlegion nicht mehr«, antwortete furchtsam Louis, der schüchtern stehen geblieben war.

Ginevra, verletzt von der Unhöflichkeit ihres Vaters, schob ihm einen Stuhl hin. Die Antwort des Offiziers befriedigte den alten Diener Napoleons. Frau Piombo, die bemerkt hatte, dass die Augenbrauen ihres Mannes wieder ihr gewöhnliches Aussehen annahmen, sagte, um die Unterhaltung zu beleben: »Die Ähnlichkeit des Herrn mit Nina Porta ist erstaunlich. Findest du nicht, dass er ganz wie die Portas aussieht?«

»Das ist doch sehr natürlich«, erwiderte der junge Mann, auf dessen Gesicht die glühenden Augen Piombos gerichtet waren, »Nina war ja meine Schwester ...«

»Du bist Luigi Porta?«, fragte der Alte.

»Ja.«

Bartolomeo erhob sich, schwankte, war genötigt, sich an einem Stuhl festzuhalten und sah seine Frau an. Elisa Piombo ging auf ihn zu, dann fassten sich die beiden Alten stillschweigend unter den Arm und verließen den Salon, in dem Sie wie entsetzt ihre Tochter zurückließen. Luigi Porta starrte Ginevra an, die bleich wie ein Marmorbild wurde und ihre Augen unbeweglich auf die Tür gerichtet hielt, durch die ihr Vater und ihre Mutter verschwunden waren: Ihr Schweigen und ihr Fortgehen hatten etwas so Feierliches, dass vielleicht zum ersten Mal ihr Herz von Furcht ergriffen wurde. Gewaltsam presste sie ihre Hände zusammen und sagte mit so bewegter Stimme, dass sie nur von einem Liebenden verstanden werden konnte: »Wie viel Unglück kann ein einziges Wort enthalten!«

»Aber, im Namen unserer Liebe, was habe ich denn gesagt?«, fragte Luigi Porta.

»Mein Vater«, erwiderte sie, »hat mir niemals von unserer traurigen Geschichte erzählt, und ich war noch zu jung, als ich Korsika verließ, um sie kennenzulernen.

»War denn Vendetta zwischen uns?«, fragte Luigi zitternd.

»Ja. Als ich meine Mutter befragte, hörte ich, dass die Portas meine Brüder getötet und unser Haus verbrannt hätten. Mein Vater hat deine ganze Familie gemordet. Aber wie bist du denn mit dem Leben davongekommen, du, den er an die Füße eines Bettes gebunden zu haben glaubte, bevor er das Haus anzündete?«

»Ich weiß es nicht«, antwortete Luigi. »Mit sechs Jahren wurde ich nach Genua gebracht, zu einem alten Mann namens Colonna. Über meine Familie hat man mir nicht das Geringste erzählt. Ich wusste nur, dass ich Waise und vermögenslos war. Colonna war wie ein Vater zu mir, und ich führte seinen Namen bis zu dem Tage, wo ich in den Militärdienst trat. Da ich Urkunden brauchte, um meine Herkunft nachzuweisen, teilte mir, der ich schwach und fast noch ein Kind war, der alte Colonna mit, dass ich Feinde hätte. Er hat mich verpflichtet, nur den Namen Luigi zu führen, um ihnen zu entrinnen.

»Geh fort, geh fort, Luigi!«, rief Ginevra, »oder nein, ich muss dich ja begleiten. Solange du im Hause meines Vaters weilst, hast du nichts zu fürchten; aber sobald du es verlassen hast, dann hüte dich wohl! Du würdest aus einer Gefahr in die andere geraten. Mein Vater hat zwei Korsen in seinem Dienst, und wenn er es nicht ist, der dein Leben bedroht, dann werden sie es tun.«

»Ginevra«, sagte er, »soll denn dieser Hass weiter zwischen uns dauern?« Das junge Mädchen lächelte trübe und senkte den Kopf. Aber bald erhob sie ihn wieder mit einem gewissen Stolz und sagte: »Oh, Luigi, wie rein und wahr muss unsere Liebe sein, wenn ich die Kraft besitze, auf dem Wege weiterzugehen, den ich jetzt betreten will. Aber handelt es sich nicht um ein Glück, das das ganze Leben hindurch andauern soll?«

Luigi antwortete nur mit einem Lächeln und drückte Ginevras Hand. Das junge Mädchen verstand, dass allein wahre Liebe hier die üblichen Beteuerungen verachten dürfte. Der ruhige und ehrliche Ausdruck der Gefühle Luigis wies auf ihre Kraft und ihre Dauer hin. Das Schicksal der beiden Liebenden wurde also besiegelt. Ginevra sah sehr bittere Kämpfe vor sich, die sie ertragen musste; aber der Gedanke, Louis zu verlassen, ein Gedanke, der vielleicht durch ihre Seele gehuscht war, verschwand nun völlig. Sein für immer, zog sie ihn plötzlich fast mit Gewalt mit sich fort und verließ ihn erst, als er das Haus erreichte, in dem ihm Servin eine bescheidene Wohnung gemietet hatte. Als sie zu ihrem Vater zurückkehrte, hatte sie die Ruhe wiedergewonnen, die ein fester Entschluss verleiht: Nichts an ihrem Wesen verriet Unsicherheit. Sie richtete auf ihren Vater und ihre Mutter, die sich gerade zu Tisch setzen wollten, einen ruhigen Blick voller Sanftmut. Sie sah, dass ihre alte Mutter geweint hatte, und die Röte ihrer matten Augenlider erschütterte einen Augenblick ihr Herz; aber sie verbarg ihre Erregung. Piombo schien die Beute eines zu heftigen, zu durchbohrenden Schmerzes zu sein, als dass er ihn hätte mit den üblichen Ausdrücken verraten können. Die Diener servierten das Essen, das niemand berührte. Der Abscheu vor den Speisen ist eins der Zeichen, die schwere geistige Krisen erkennen lassen. Alle drei erhoben sich, ohne dass ein Wort gesprochen worden wäre. Als Ginevra in dem großen dunklen feierlichen Salon zwischen Vater und Mutter saß, wollte Piombo etwas äußern, aber die Stimme versagte ihm; er versuchte, ein paar Schritte zu machen, aber er hatte keine Kraft dazu, setzte sich wieder und klingelte.

»Pietro«, sagte er schließlich zu dem Diener, »mach Feuer an, ich friere.«

Ginevra erzitterte und sah ihren Vater voller Angst an. Er kämpfte so furchtbar mit sich, dass sein Gesicht ganz verstört aussah. Ginevra wusste, welche ungeheure Gefahr sie bedrohte, aber sie bebte nicht, während die flüchtigen Blicke, die Bartolomeo auf seine Tochter warf, zu verraten schienen, dass er sich jetzt vor ihrem Charakter, dessen Heftigkeit sein eigenes Werk war, fürchtete. Zwischen ihnen beiden musste alles auf die Spitze getrieben werden. Die Gewissheit, dass eine Veränderung in der Liebe zwischen Vater und Tochter eintreten sollte, zeigte ihre schrecklichen Spuren auf dem Gesichte der Baronin.

»Ginevra, du liebst den Feind deiner Familie«, sagte Piombo endlich, ohne dass er wagte, seine Tochter anzublicken.

»Das ist richtig«, antwortete sie.

»Du musst zwischen ihm und uns wählen. Unsere Vendetta ist ein Teil unserer selbst. Wer nicht meine Rache zu der seinigen macht, gehört nicht mehr zu meiner Familie.«

»Meine Wahl ist getroffen«, erwiderte Ginevra kühl.

Die Ruhe seiner Tochter täuschte Bartolomeo.

»Oh, mein geliebtes Kind!«, rief der Alte, dem die Augen feucht von Tränen waren, den ersten und einzigen, die er in seinem Leben vergossen hatte.

»Ich werde seine Frau sein«, sagte Ginevra brüsk.

Bartolomeo war wie vom Blitze getroffen; aber er gewann seine Kaltblütigkeit wieder und entgegnete: »Solange ich lebe, wird diese Heirat nicht stattfinden, niemals werde ich meine Einwilligung dazu geben.«

Ginevra verhielt sich schweigend. –

»Denkst du denn aber daran«, fuhr der Baron fort, »dass Luigi der Sohn dessen ist, der deine Brüder getötet hat?«

»Er war sechs Jahr alt, als das Verbrechen begangen wurde, er kann dabei doch nicht schuldig sein«, antwortete sie.

»Ein Porta!«, rief Bartolomeo.

»Hab' ich jemals diesen Hass geteilt?«, sagte lebhaft das junge Mädchen. »Haben Sie mich je in dem Glauben erzogen, dass ein Porta ein Ungeheuer sein müsse? Konnte ich daran denken, dass einer von denen, die Sie getötet haben, übrig bleiben würde? Und ist es nicht ein natürliches Gefühl, dass Sie Ihre Vendetta vor meiner Liebe schweigen heißen?«

»Ein Porta!«, sagte Piombo. »Wenn sein Vater dich damals in deinem Bett vorgefunden hätte, dann wärst du nicht mehr am Leben; hundert Mal hätte er dich getötet.«

»Das ist möglich«, antwortete sie, »aber sein Sohn hat mir mehr als das Leben geschenkt. Luigi sehen, das ist ein Glück für mich, ohne das ich nicht zu leben vermöchte. Luigi hat mir die Welt der Liebe aufgetan. Ich habe wohl schon schönere Gesichter gesehen als seins; aber keins hat mich jemals so entzückt; ich habe wohl schon andere Stimmen gehört ... aber niemals, niemals herrlicher klingende. Luigi liebt mich, und er wird mein Gatte werden.«

»Niemals«, sagte Piombo. »Lieber will ich dich im Sarge sehen, Ginevra« – der alte Korse erhob sich, ging mit langen Schritten im Salon auf und ab und stieß, von Pausen unterbrochen, Worte hervor, die seine höchste Erregung kennzeichneten: »Du glaubst vielleicht, dass du meinen Willen zu beugen vermagst? Lass diese Täuschung fahren; ich will keinen Porta zum Schwiegersohn haben. Das ist meine letzte Entscheidung. Hiervon kann keine Rede weiter zwischen uns sein. Ich bin Bartolomeo di Piombo, verstehst du, Ginevra?«

»Ist hinter diesen Worten ein geheimnisvoller Sinn verborgen?«, fragte sie kalt.

»Sie bedeuten, dass ich einen Dolch habe und dass ich die Gerechtigkeit der Menschen nicht fürchte. Wir Korsen machen unsere Sache mit Gott ab.

»Schön!«, sagte seine Tochter und erhob sich, »und ich bin Ginevra di Piombo, und ich erkläre, dass ich binnen sechs Monaten Luigi Portas Frau sein werde. – Sie aber sind ein Tyrann, mein Vater!«, fügte sie nach einer schrecklichen Pause hinzu.

Bartolomeo presste die Fäuste zusammen und schlug auf den Marmor des Kamins. »Ach, dass wir in Paris sind!«, murmelte er.

Dann schwieg er, kreuzte die Arme, ließ sein Haupt auf die Brust hängen und sprach den ganzen Abend kein Wort mehr.

Nachdem sie ihren Entschluss verkündet hatte, zeigte das junge Mädchen eine unglaubliche Kaltblütigkeit; sie setzte sich ans Klavier, sang und spielte reizende Stücke mit einer Grazie und einem Gefühl, die ihre volle geistige Freiheit verrieten, indem sie so über ihren Vater triumphierte, dessen Stirn nicht heiterer zu werden schien. Der Alte empfand diese schweigende Beleidigung grausam und erntete jetzt die bittere Frucht der Erziehung, die er seiner Tochter gegeben hatte. Der Respekt ist ein Schutz, der in gleicher Weise Vater und Mutter wie die Kinder behütet, indem er dem einen Kummer, dem andern Gewissensbisse erspart. Am nächsten Tage fand Ginevra, die zu der Zeit, wo sie sich gewöhnlich ins Atelier begab, ausgehen wollte, die Haustür für sie geschlossen; aber sie hatte bald eine Möglichkeit gefunden, um Luigi Porta von der väterlichen Strenge zu benachrichtigen. Eine Kammerfrau, die nicht lesen konnte, ließ dem jungen Offizier den Brief, den ihm Ginevra schrieb, zukommen. Fünf Tage lang wussten die beiden Liebenden einander zu schreiben, dank listiger Vorspiegelungen, die man im Alter von zwanzig Jahren immer zu erfinden versteht. Vater und Tochter sprachen selten miteinander. Alle beide empfanden im tiefsten Herzen Hass gegeneinander, sie litten, aber stolz und schweigend. Da sie jedoch fühlten, wie stark das Band der Liebe war, das sie aneinander fesselte, so versuchten sie, es zu zerreißen, und konnten es doch nicht. Kein liebevoller Gedanke erhellte wie früher die strengen Züge Bartolomeos, wenn er auf Ginevra blickte. Und das junge Mädchen hatte einen Zug von Wildheit in ihrem Gesicht, wenn sie ihren Vater ansah, und auf ihrer unschuldigen Stirn lagerte immer eine Wolke des Vorwurfs; wenn sie sich auch ihrem Glück hingab, so schienen doch manchmal Gewissensbisse ihre Augen zu umschleiern. Es war nicht schwer zu erkennen, dass sie sich nie dem reinen Genusse einer Glückseligkeit hingeben würde, die nur ein Unglück für ihre Eltern sein konnte. Bei Bartolomeo wie bei seiner Tochter musste alle Unentschlossenheit, die in der natürlichen Güte ihrer Herzen wurzelte, vor ihrem Stolz und der den Korsen eigentümlichen Rachsucht weichen. Sie stachelten sich gegenseitig in ihrem Zorngefühl an und wollten nicht an die Zukunft denken. Vielleicht auch schmeichelten sie sich mit dem Gedanken, dass eins dem andern nachgeben würde. Am Geburtstage Ginevras gedachte ihre Mutter, verzweifelt über diese Zwietracht, die eine ernste Form anzunehmen drohte, aus Anlass dieses Festes, Vater und Tochter zu versöhnen. Sie saßen alle drei in Bartolomeos Zimmer zusammen. Ginevra ahnte die Absicht ihrer Mutter an dem zögernden Ausdruck auf ihrem Gesichte und lächelte trübe. Da kündigte ein Diener den Besuch zweier Notare an, die, begleitet von mehreren Zeugen, hereintraten. Bartolomeo sah diese Herren starr an, deren kühl abgemessener Gesichtsausdruck etwas Verletzendes für so leidenschaftlich erregte Gemüter wie die der drei Hauptbeteiligten an dieser Szene hatte. Der Alte wandte sich mit beunruhigtem Ausdruck seiner Tochter zu und entdeckte auf ihrem Antlitz ein Lächeln des Triumphes, das ihn einen entscheidenden Schlag ahnen ließ; aber, wie die Wilden, tat er, als ob er eine trügerische Unbeweglichkeit bewahre, und betrachtete die beiden Notare mit einer gewissen ruhigen Neugierde. Die Fremden setzten sich auf eine Handbewegung des Alten.

»Der Herr ist jedenfalls der Herr Baron von Piombo?«, fragte der ältere der beiden Notare.

Bartolomeo nickte. Der Notar machte ein kleines zustimmendes Zeichen und warf dem jungen Mädchen einen Blick zu, in dem sich die Schlauheit eines Agenten des Handelsgerichts ausdrückte, der einen Schuldner überrumpelt hat; er zog seine Tabaksdose heraus, öffnete sie, nahm eine Prise heraus und begann sie in kleinen Portionen zu sich zu nehmen, während er nach den Anfangsworten seiner Eröffnung suchte; dann, als er sie vom Stapel ließ, machte er regelmäßige Pausen (die das Zeichen – nur sehr unvollkommen wiedergibt).

»Mein Herr«, sagte er, »mein Name ist Roguin, ich bin der Notar Ihrer Fräulein Tochter, und wir kommen – mein Kollege und ich – um den Vorschriften des Gesetzes zu genügen und einen Endtermin für den Zwist zu setzen, der zwischen Ihnen und Ihrer Fräulein Tochter – ausgebrochen ist – in Bezug auf – ihre Ehe mit Luigi Porta.«

Dieser Satz, in ziemlich förmlichem Tone vorgebracht, erschien dem Notar Roguin wahrscheinlich zu schön, als dass man ihn auf einen Schlag verstehen könne, und er machte eine Pause, in der er Bartolomeo mit einem Geschäftsleuten eigenen Ausdruck betrachtete, der die Mitte zwischen Untertänigkeit und Vertraulichkeit hält. Geschult darin, den Personen, mit denen sie sprechen, viel Interesse zu bezeigen, gewöhnen sich die Notare schließlich an, ihr Gesicht zu einer Grimasse zusammenzuziehen, die sie annehmen und ablegen wie ihre amtliche Robe. Diese wohlwollende Maske, die so leicht vorzubinden ist, reizte Bartolomeo dermaßen, dass er seine ganze Besinnung zusammennehmen musste, um Herrn Roguin nicht zum Fenster hinauszuwerfen; ein Zornesausdruck glitt über seine Runzeln, und der Notar sagte sich bei dessen Anblick: ›Ich mache Eindruck.‹

»Aber«, begann er wieder mit honigsüßer Stimme, »bei solchen Gelegenheiten, Herr Baron, verlangt unser Amt, dass wir in der Hauptsache als Vermittler auftreten. – Haben Sie also die Güte, mich anzuhören. – Es ist klar, dass Fräulein Ginevra Piombo – am heutigen Tage das Alter erreicht hat – in dem es genügt, wenn Sie die wichtigen Akte, die der Feier der Hochzeit vorauszugehen haben – trotz der mangelnden Einwilligung der Eltern – selbst vornimmt. Es ist daher – üblich bei Familien – die ein gewisses Ansehen genießen – die zur guten Gesellschaft gehören – die eine gewisse Würde bewahren – denen schließlich daran gelegen ist, der Öffentlichkeit keine Kenntnis von ihrem geheimen Zwist zu geben – und die sich nicht selbst Schaden zufügen wollen, indem sie das Glück zweier junger Gatten durch ihre Missbilligung vernichten (denn – das heißt, sich selbst schädigen) – es ist üblich, sage ich – bei solchen ehrenwerten Familien – nicht auf solchem Verhalten zu verharren – das dann wie ein Sinnbild des Zwistes bestehen bleibt – der schließlich doch aufhört. Wenn eine junge Dame, mein Herr, zu den erforderlichen Akten schreiten will, so zeigt sie damit eine zu fest ausgesprochene Absicht, als dass ein Vater und – eine Mutter«, fügte er hinzu, indem er sich vor der Baronin verbeugte, »hoffen könnten, ihren Plänen zu widerstehen. – Da der väterliche Widerstand – hierdurch – zunächst nichtig ist – und dann durch das Gesetz unwirksam gemacht wird, so ist es üblich, dass jeder vernünftige Mann, nachdem er eine letzte Ermahnung an sein Kind gerichtet hat, ihm die Freiheit gibt, zu ...«

Herr Roguin stockte, als er bemerkte, dass er noch zwei Stunden so weiterreden konnte, ohne eine Antwort zu erhalten, und weil das Aussehen des Mannes, den er zu überzeugen versuchte, ihn in eine eigenartige Unruhe versetzte. Das Gesicht Bartolomeos hatte eine außerordentliche Veränderung erfahren; alle seine zusammengekrampften Runzeln hatten ihm den Ausdruck einer unbeschreiblichen Wut verliehen, und er warf dem Notar den Blick eines Tigers zu. Die Baronin verharrte in unbeweglichem Schweigen. Ginevra wartete, ruhig und entschlossen; sie wusste, dass die Stimme des Notars gewichtiger als die ihrige war, und hatte sich deshalb entschlossen, Schweigen zu bewahren. Als Roguin aufhörte zu sprechen, wurde die Szene so peinlich, dass die fremden Zeugen erschraken: Niemals hatten sie wohl ein ähnliches Stillschweigen erlebt. Die Notare sahen sich an, als ob sie sich beraten müssten, standen auf und traten zusammen in eine Fensternische.

»Bist du schon jemals solch einer Sorte von Klienten begegnet?«, fragte Roguin seinen Kollegen.

»Aus dem wirst du nichts herausbekommen«, antwortete der Jüngere. »An deiner Stelle würde ich mich nur an die Verlesung meines Aktes halten. Der Alte erscheint mir nicht gerade freundlich, er ist voll Zorn, und du würdest nichts dabei gewinnen, wenn du mit ihm ›verhandeln‹ wolltest.«

Herr Roguin verlas nun ein amtliches, vorher verfasstes Protokoll und fragte Bartolomeo kühl, was er darauf zu entgegnen habe.

»Es gibt also in Frankreich Gesetze, die die väterliche Gewalt aufheben?«, fragte der Korse.

»Mein Herr, ...«, sagte Roguin in liebenswürdigem Tone.

»Die eine Tochter ihrem Vater entreißen?«

»Mein Herr ...«

»Die einen Greis seines letzten Trostes berauben?«

»Mein Herr, Ihre Tochter gehört Ihnen nur ...«

»Die ihn töten?«

»Erlauben Sie, mein Herr!«

Nichts ist hässlicher, als die Kaltblütigkeit und die sachlichen Erklärungen eines Notars bei leidenschaftlichen Auftritten, wo sie gewöhnlich vermitteln sollen. Die Gesichter, die Piombo vor sich sah, schienen ihm Ausgeburt der Hölle zu sein; seine stille, gepresste Wut war an ihre Grenze gelangt, als die ruhige und fast flötenartige Stimme seines kleinen Gegners das verhängnisvolle Wort »erlauben Sie!« aussprach.

Er sprang nach einem langen Dolch, der an einem Nagel über dem Kamin hing, und stürzte sich auf seine Tochter. Der jüngere Notar und einer der Zeugen warfen sich zwischen ihn und Ginevra; aber Bartolomeo stieß die beiden Mittelspersonen brutal zurück und zeigte ihnen sein glühendes Gesicht mit den flammenden Augen, die schrecklicher leuchteten als die Klinge des Dolches. Als Ginevra sich ihrem Vater gegenüber sah, blickte sie ihm fest mit einem Ausdruck des Triumphes ins Auge, ging ihm langsam ein paar Schritte entgegen und kniete nieder.

»Nein, nein, ich kann es nicht tun!«, sagte er und warf heftig die Waffe fort, die in der Täfelung stecken blieb.

»Also Verzeihung, Verzeihung!«, sagte sie. »Sie zögern, mir den Tod zu geben, und Sie verbieten mir, zu leben. Oh, mein Vater, noch nie habe ich Sie so heiß geliebt, gewähren Sie mir Luigi! Auf den Knien bitte ich Sie um Ihre Einwilligung: Eine Tochter darf sich vor ihrem Vater demütigen; geben Sie mir Luigi, oder ich sterbe!«

Die heftige Aufregung erstickte ihre Stimme und hinderte sie, fortzufahren, sie brachte keinen Ton mehr heraus; ihre krampfhaften Anstrengungen zeigten deutlich genug, dass sie zwischen Leben und Tod schwebte. Bartolomeo stieß seine Tochter rau zurück.

»Eine Luigi Porta kann keine Piombo mehr sein«, sagte er, »ich habe keine Tochter mehr! Ich habe nicht die Kraft, dich zu verfluchen; aber ich gebe dich preis, du hast keinen Vater mehr. Meine Ginevra Piombo ist hier begraben!«, rief er in düsterem Tone und presste die Hand heftig auf sein Herz. – »Geh, Unselige«, fuhr er nach einem Moment des Schweigens fort, »geh, und lass dich nie wieder vor mir sehen.« Dann nahm er Ginevra beim Arm und führte sie, ohne ein Wort zu sagen, hinaus.

»Luigi«, rief Ginevra, als sie die bescheidene Wohnung betrat, in der sich der Offizier befand, »mein Luigi, wir haben kein anderes Vermögen als unsere Liebe.«

»Dann sind wir reicher als alle Könige der Erde«, antwortete er.

»Mein Vater und meine Mutter haben mich preisgegeben«, sagte sie tieftraurig.

»Ich werde dich für sie mit lieben.«

»Werden wir wirklich glücklich sein?«, rief sie mit einer Lustigkeit, die etwas Erschreckendes an sich hatte.

»Für immer«, erwiderte er und drückte sie an sein Herz. Am Tage, nach dem Ginevra ihr väterliches Haus verlassen hatte, ging sie zu Frau Servin und bat sie, ihr Unterkommen und Schutz zu gewähren, bis zu der gesetzlich festgelegten Frist für ihre Heirat mit Luigi Porta. Das war der Anfang des Leidensweges, zu dem die Welt diejenigen verurteilt, die sich ihrem Brauche nicht fügen wollen. Sehr ärgerlich über den Schaden, den die Angelegenheit Ginevras ihrem Mann verursacht hatte, empfing Frau Servin die Obdachlose kühl und gab ihr mit höflichen Worten versteckt zu verstehen, dass sie auf ihre Unterstützung nicht rechnen dürfe. Zu stolz, um noch weiter zu drängen, aber erstaunt über einen solchen Egoismus, an den sie nicht gewöhnt war, brachte sich die junge Korsin in einem, dem Hause, wo Luigi wohnte, möglichst nahe gelegenen Logierhause unter. Der junge Porta verbrachte alle Tage zu den Füßen seiner Zukünftigen; seine junge Liebe, seine reinen Worte zerstreuten die Wolken, die die väterliche Verdammung auf der Stirn der verbannten Tochter gesammelt hatten, und er malte ihr die Zukunft so schön aus, dass sie schließlich ihm zulächelte, so wenig sie auch die Härte ihrer Eltern vergessen konnte.

Eines Morgens brachte das Hotelmädchen Ginevra mehrere Koffer, die Stoffe, Wäsche und eine Menge von anderen Dingen enthielten, die für die Wirtschaft einer jungen Frau erforderlich waren; sie ersah aus dieser Sendung die vorsorgende Güte der Mutter, denn als sie die Gaben besichtigte, fand sie darin eine Börse, in die die Baronin das Geld, das ihrer Tochter gehörte, zusammen mit ihren eigenen Ersparnissen getan hatte. Das Geld war von einem Briefe begleitet, in dem die Mutter ihre Tochter beschwor, von ihrem verhängnisvollen Heiratsprojekt abzustehen, wenn es noch Zeit sei; sie schrieb, dass sie nur mit angstvollster Vorsicht Ginevra diese schwache Unterstützung hätte zukommen lassen; sie flehte sie an, ihr keine Vorwürfe über ihre Härte zu machen, wenn sie sie künftig im Stiche lassen müsse, sie fürchte, ihr nicht weiter beistehen zu können, sie segnete sie, wünschte ihr in dieser verhängnisvollen Ehe alles Glück, wenn sie dabei verharre, und versicherte ihr, dass sie an sie nur als an ihre geliebte Tochter denke. An dieser Stelle hatten Tränen einige Worte des Briefes verlöscht.

»Oh, meine geliebte Mutter!«, rief Ginevra ganz in Zärtlichkeit aufgelöst. Sie empfand das Bedürfnis, sich ihr zu Füßen zu werfen, sie wiederzusehen und die teure Luft des Vaterhauses wieder einzuatmen; sie wollte schon fortstürzen, als Luigi hereintrat; sie sah ihn an, und ihre kindliche Zärtlichkeit schwand, ihre Tränen trockneten, und sie fühlte nicht die Kraft, dieses so unglückliche und so liebevolle Kind zu verlassen. Die einzige Hoffnung eines edlen Geschöpfes zu sein, ihn zu lieben und dann zu verlassen ... ein solches Opfer wäre ein Verrat, dessen junge Seelen unfähig sind. Ginevra dachte so großmütig, dass sie ihren Schmerz in der Tiefe ihres Herzens verbarg.

Endlich kam ihr Hochzeitstag heran. Ginevra hatte niemanden um sich. Luigi hatte die Zeit, in der sie sich ankleidete, benutzt, um die bei der Unterzeichnung des Ehekontrakts erforderlichen Zeugen zu holen. Diese Zeugen waren zwei biedere Männer. Dem einen, einem früheren Husarenunteroffizier, waren im Felde von Luigi Dienste geleistet worden, die ein ehrenhafter Mann niemals vergisst; er war Vermieter von Kutschen geworden und besaß mehrere Wagen. Der andere, ein Bauunternehmer, war der Besitzer des Hauses, in dem die Neuvermählten wohnen sollten. Jeder war noch von einem Freunde begleitet, und alle vier erschienen jetzt mit Luigi, um die Braut abzuholen. Wenig an gesellschaftliche Sitten gewöhnt und in dem Luigi zu leistenden Dienst nichts Besonderes sehend, waren sie sauber, aber nicht elegant gekleidet und erinnerten in nichts an einen fröhlichen Hochzeitstag. Ginevra selbst hatte ihrer Lage entsprechend sehr einfache Toilette gemacht; trotzdem wirkte ihre Schönheit so vornehm und imponierend, dass den Zeugen bei ihrem Anblick das Wort auf den Lippen erstarb, als sie sich für verpflichtet hielten, ihr ein Kompliment zu sagen; sie grüßten sie ehrfurchtsvoll, während sie selbst sich verneigte; sie betrachteten sie schweigend und konnten sie nur anstaunen. Diese Zurückhaltung schuf eine kühle Stimmung. Fröhlichkeit kann sich nur kundgeben unter Leuten, die sich einander gleichgestellt fühlen. Der Zufall wollte also, dass alles um die beiden Brautleute einen trüben, ernsten Anstrich hatte, ihr Glück warf keinen Glanz von sich. Die Kirche und das Standesamt waren nicht sehr weit von dem Logierhause entfernt. Die beiden Korsen wollten mit den vier, vom Gesetz vorgeschriebenen Zeugen, zu Fuß hingehen, sodass ihre Bescheidenheit diesem wichtigen Akte des sozialen Lebens jedes Gepränge benahm. Im Hof der Bürgermeisterei stießen sie auf eine Menge von Equipagen, die eine zahlreiche Gesellschaft anzeigte; sie gingen hinauf und gelangten in einen großen Saal, wo die Paare, die an diesem Tage glücklich werden sollten, ziemlich ungeduldig auf den Bürgermeister des Bezirks warteten. Ginevra setzte sich neben Luigi an das Ende einer langen Bank, während die Zeugen aus Mangel an Platz stehen blieben. Zwei Bräute in prächtigen weißen Kleidern, mit Bändern und Spitzen und Perlen überladen, und mit Orangensträußchen geschmückt, deren atlaszarte Blüten unter ihrem Schleier schwankten, waren von ihren fröhlichen Familien umgeben und von ihren Müttern begleitet, die sie halb befriedigt, halb ängstlich ansahen; aller Augen strahlten vor Freude und alle Gesichter verhießen ihnen unerschöpfliches Glück. Väter, Zeugen, Brüder und Schwestern kamen und gingen, wie ein Mückenschwarm in einem Strahl der untergehenden Sonne spielt. Jeder schien die Bedeutung dieses wichtigen Moments zu begreifen, wo das Herz sich auf einem Punkte des Lebens zwischen zwei Hoffnungen befindet: den Wünschen der Vergangenheit und den Verheißungen der Zukunft. Bei diesem Anblick fühlte Ginevra, wie ihr das Herz schwoll, und sie drückte Luigis Arm, der ihr einen Blick zuwarf. Eine Träne erglänzte im Auge des jungen Korsen, und niemals verstand er so sehr wie jetzt, was seine Ginevra ihm alles opferte. Diese kostbare Träne ließ das junge Mädchen die Verlassenheit vergessen, in der sie sich befand. Die Liebe goss einen Strom von Licht auf die beiden Liebenden, die inmitten des Lärms nur sich selbst sahen; sie waren hier allein in dieser Menge, so wie sie es im Leben sein sollten. Die Zeugen, unbeteiligt an der feierlichen Handlung, plauderten eifrig von ihren Geschäften.

»Der Hafer ist sehr teuer«, sagte der Unteroffizier zu dem Bauunternehmer.

»Noch nicht so teuer wie der Zement, im Verhältnis dazu«, antwortete der Unternehmer.

Und sie machten einen Gang durch den Saal.

»Wie man hier die Zeit vergeudet!«, rief der Maurermeister und steckte seine dicke silberne Uhr wieder in die Tasche.

Luigi und Ginevra, eng aneinander gedrückt, schienen nur eine Person zu sein. Ein Dichter hätte gewiss diese beiden von dem gleichen Empfinden erfüllten Häupter angestaunt, die dasaßen mit derselben Gesichtsfarbe, melancholisch und schweigend in Gegenwart zweier lärmender Hochzeiten, vor vier aufgeregten Familien, die in Diamanten und Blumen strahlten, und deren Fröhlichkeit etwas Flüchtiges an sich hatte. Alles, was diese lauten glänzenden Gruppen von Fröhlichkeit nach außen hin zeigten, das begruben Luigi und Ginevra tief in ihren Herzen. Auf der einen Seite der plumpe Lärm des Vergnügens, auf der andern das zärtliche Schweigen glücklicher Herzen: Erde und Himmel. Aber die zitternde Ginevra vermochte nicht ganz auf die Schwäche des Weibes zu verzichten. Abergläubisch wie eine Italienerin, glaubte sie in diesem Gegensatz ein übles Vorzeichen sehen zu müssen und empfand ein Gefühl des Schreckens, das ebenso unüberwindlich war wie ihre Liebe. Jetzt öffnete ein städtischer Bureaudiener in Amtstracht eine zweiflügelige Tür, und seine Stimme klang wie ein Quietschen, als er Herrn Luigi da Porta und Fräulein Ginevra di Piombo aufrief. Die beiden Brautleute empfanden eine gewisse Verlegenheit. Der berühmte Name Piombos erregte Aufmerksamkeit, die Anwesenden hätten hier eine große Hochzeitsfeier erwartet. Ginevra erhob sich, ihr stolzfunkelnder Blick imponierte der ganzen Menge, sie gab Luigi den Arm und entfernte sich festen Schrittes, gefolgt von den Zeugen. Ein Geflüster des Erstaunens, das sie im Vorüberschreiten vernahmen, ein allgemeines Gemurmel ließ Ginevra erkennen, dass die Gesellschaft von ihr Rechenschaft über die Abwesenheit ihrer Eltern verlangte: Die väterliche Verdammung schien sie auch hierher zu verfolgen. »Warten Sie auf die Familien«, sagte der Bürgermeister zu dem Sekretär, der schnell die Trauungsformel verlas.

»Vater und Mutter erheben Einspruch«, antwortete der Sekretär ruhig.

»Beiderseits?«, fuhr der Bürgermeister fort.

»Der Bräutigam ist Waise.«

»Wo sind die Zeugen?«

»Hier«, antwortete der Sekretär wieder und wies auf die vier unbeweglich und stumm dastehenden Männer, die, mit gekreuzten Armen, Bildsäulen glichen.

»Aber wie steht es mit dem Einspruch?«, sagte der Bürgermeister.

»Die betreffenden Protokolle sind vorschriftsmäßig aufgenommen«, erwiderte der Beamte und brachte dem Bürgermeister die zu der Eheschließungsurkunde gehörenden Beilagen.

Diese bürokratische Einleitung hatte etwas Niederbeugendes an sich und enthielt in wenigen Worten eine ganze Geschichte. Der Hass zwischen den Portas und den Piombos, Leidenschaften und Schrecken waren auf einer Seite des Standesregisters verzeichnet, wie auf einem Grabsteine die Geschicke eines Volkes mit einigen Zeilen eingegraben stehen, und oft nur mit einem Worte: Robespierre oder Napoleon. Ginevra zitterte. Ähnlich wie die Taube, die über das Meer fliegt und nur die Arche findet, auf die sie ihre Füße setzen kann, so fand ihr Blick eine Zuflucht nur in den Augen Luigis, denn alles andere um sie her erschien ihr traurig und kalt. Der Bürgermeister sah unzufrieden und streng vor sich hin, und sein Sekretär betrachtete das Brautpaar mit übelwollender Neugier. Nichts sah jemals weniger wie eine feierliche Handlung aus. Wie alles im menschlichen Leben, wenn es seiner Beigaben beraubt ist, war dies an sich eine einfache Tatsache, die nur durch die Gedanken darüber zu so großer Bedeutung gelangt. Nach einigen Fragen, auf die das Brautpaar antwortete, nach einigen von dem Bürgermeister gemurmelten Worten und nachdem sie das Ehestandsregister unterzeichnet hatten, waren Luigi und Ginevra vereinigt. Die beiden jungen Korsen, deren Verbindung ganz der vom Genius in Romeo und Julia verherrlichten entsprach, durchschritten die beiden Hecken von fröhlichen Verwandten, die nicht zu ihnen gehörten, und die schon beinahe ungeduldig über die Verzögerung waren, die diese anscheinend so traurige Eheschließung verursacht hatte. Als sich die junge Frau im Hof der Bürgermeisterei unter freiem Himmel befand, entrang sich ein Seufzer ihrer Brust.

»Oh, wird ein Leben, das nur aus Sorgsamkeit und Liebe besteht, genügen, um des Mutes und der Zärtlichkeit meiner Ginevra wert zu sein?«, sagte Luigi zu ihr.

Auf diese von Glückstränen begleiteten Worte hin vergaß die junge Frau all ihr Leid; denn sie hätte es nicht ertragen, sich so vor aller Welt zu zeigen, indem sie auf ein Glück Anspruch machte, das ihre Familie anzuerkennen sich weigerte.

»Warum kümmern sich die Menschen um uns?«, sagte sie mit so harmlosem Ausdruck ihrer Liebe, dass Luigi entzückt war.

Die Freude ließ die beiden Gatten leichter atmen. Sie sahen weder Himmel noch Erde noch Häuser und eilten wie auf Flügeln in die Kirche. Hier gelangten sie schließlich zu einer kleinen düsteren Kapelle und vor einen Altar ohne Schmuck, wo ein alter Priester ihre Ehe einsegnete. Hier wie in der Bürgermeisterei waren sie von den zwei Hochzeiten umgeben, die sie mit ihrem Pomp verfolgten. Die Kirche, voll von Freunden und Verwandten, hallte wider von dem Lärm der Karossen, der Küster, der Schweizer und der Priester. Altäre erstrahlten in ihrem vollen kirchlichen Schmuck, die Kronen der Orangenblüten, die die Bilder der Jungfrau schmückten, schienen neu zu sein. Man nahm nur Blumen, Düfte, funkelnde Kerzen und goldgestickte Samtkissen wahr. Gott erschien wie ein Mitschuldiger an der Lust dieses einen Tages. Als man über den Häuptern Luigis und Ginevras das Symbol der Vereinigung für immer, dieses Joch aus weißer Seide, lieblich und leuchtend, halten sollte, das leicht für einige und bleischwer für die große Mehrzahl war, suchte der alte Priester vergeblich nach jungen Leuten, die dieses erfreuliche Amt ausüben sollten: Zwei der Zeugen ersetzten sie. Der Geistliche hielt eilig eine Ansprache an die Gatten über die Gefahren des Lebens und über die Pflichten gegenüber ihren dereinstigen Kindern; und an dieser Stelle ließ er indirekt einen Tadel über die Abwesenheit der Eltern Ginevras hindurchklingen; dann, nachdem er sie vor Gott vereinigt hatte, wie der Bürgermeister vor dem Gesetze, beendete er seine Messe und ließ sie allein.

»Gott segne sie!«, sagte Vergniaud zu dem Maurermeister in der Vorhalle der Kirche. »Niemals waren zwei Geschöpfe besser füreinander geschaffen. Die Eltern dieses Fräuleins hier sind törichte Menschen. Ich kenne keinen tapferen Soldaten als den Obersten Louis! Hätten sich alle so verhalten wie er, dann wäre ›der andere‹ noch hier.«

Der Glückwunsch des Soldaten, der einzige, der ihnen an diesem Tage zuteilwurde, legte sich wie Balsam auf Ginevras Herz.

Sie trennten sich mit einem Händedruck, und Luigi dankte seinem Hauswirte herzlich.

»Adieu, mein Tapferer«, sagte Luigi zu dem Unteroffizier, »ich danke dir.«

»Alles steht Ihnen zu Diensten, Herr Oberst, Leib und Seele, Wagen und Pferde, alles, was ich besitze, gehört Ihnen.«

»Wie er dich liebt!«, sagte Ginevra.

Luigi zog seine junge Frau schnell mit sich in das Haus, das sie bewohnen sollten, und sie erreichten bald ihre bescheidene Wohnung; als die Tür geschlossen war, nahm Luigi seine Frau in die Arme und rief: »Oh, meine geliebte Ginevra! Jetzt bist du mein, und hier haben wir unsere wirkliche Hochzeitsfeier. Hier«, fuhr er fort, »lacht uns alles zu.«

Sie gingen zusammen durch die drei Räume, aus denen ihre Wohnung bestand. Das erste Zimmer diente als Salon und Speisezimmer. Rechts befand sich ein Schlafzimmer, links ein großer Arbeitsraum, den Luigi für seine geliebte Frau hatte zurechtmachen lassen und in dem sie Staffeleien, den Farbenkasten, Gipsabgüsse, Modelle, Gliederpuppen, Bilder, Mappen, kurz das gesamte Mobiliar eines Künstlers vorfand.

»Hier werde ich also arbeiten«, sagte sie mit kindlicher Freude. Lange besah sie die Tapeten, die Möbel, und immer wandte sie sich nach Luigi um, um ihm zu danken, denn in dieser kleinen Wohnung spürte man etwas von Freigebigkeit: eine Bibliothek mit Ginevras Lieblingsbüchern und ein Klavier. Sie setzte sich auf einen Diwan, zog Luigi neben sich und drückte seine Hand: »Du hast einen guten Geschmack«, sagte sie in zärtlichem Ton.

»Was du da sagst, macht mich sehr glücklich«, erwiderte er.

»Aber nun wollen wir uns alles ansehen«, sagte Ginevra, vor der Luigi ein Geheimnis daraus gemacht hatte, wie er ihren Zufluchtsort ausstattete. Sie gingen nun in das Schlafzimmer, das in jungfräulicher Frische und Weiße schimmerte.

»Oh, gehen wir weiter!«, sagte Luigi lachend.

»Aber nein, ich will alles sehen.« Und die eigenwillige Ginevra prüfte die Ausstattung mit der wissbegierigen Sorgsamkeit eines Antiquars, der eine Medaille untersucht, fasste die Seidenstoffe an und nahm von allem Kenntnis mit der naiven Befriedigung einer Jungverheirateten, die die Köstlichkeiten ihrer Aussteuer vor sich ausbreitet. »Wir fangen damit an, dass wir uns zugrunde richten«, sagte sie halb lustig, halb sorgenvoll.

»Das ist richtig! Der ganze Vorschuss auf meinen Sold steckt hier drin«, antwortete Luigi. »Ich habe ihn an einen Biedermann, namens Gigonnet, abgetreten.«

»Weshalb?«, erwiderte sie vorwurfsvoll mit einem heimlichen Ton der Befriedigung. »Glaubst du, dass ich in einer Dachkammer weniger glücklich gewesen wäre? Aber«, fuhr sie fort, »das alles ist sehr hübsch, und es gehört uns.« Luigi sah sie mit einer solchen Begeisterung an, dass sie die Augen niederschlug und sagte: »Komm, wir wollen uns das übrige ansehen.«

Über den drei Zimmern, unterm Dach, lag ein Arbeitsraum für Luigi, eine Küche und ein Mädchenzimmer. Ginevra war mit ihrem kleinen Herrschaftsgebiet zufrieden, wenn auch die Aussicht durch die große Mauer eines benachbarten Hauses beschränkt und vom Hof her nur dunkles Licht kam. Aber die beiden Liebenden hatten ein solches Glücksgefühl, und die Hoffnung verschönerte ihnen die Zukunft so sehr, dass ihr heimliches Asyl wie ein reizvolles Traumbild erschien. Sie fühlten sich in diesem riesigen Hause und in dem ungeheuren Paris verloren wie zwei Perlen in ihrer Muschel in der Tiefe des Meeres: Für jeden andern wäre es ein Gefängnis gewesen, für sie war es ein Paradies. Die ersten Tage nach ihrer Hochzeit gehörten der Liebe. Sie vermochten es nicht, sofort die Arbeit aufzunehmen, und sie konnten dem reizvollen Auskosten ihrer Liebesleidenschaft nicht widerstehen. Luigi verweilte ganze Stunden zu den Füßen seiner Frau und bewunderte die Farbe ihres Haares, den Schnitt ihrer Stirn, die reizende Umrahmung ihrer Augen und Reinheit und Schwung der beiden Bogen, unter denen sie langsam hin und her glitten und das Gefühl befriedigter Liebe ausdrückten. Ginevra spielte mit dem Haar ihres Luigi, ohne müde zu werden, die, wie sie sich ausdrückte, beltà folgorante und die Feinheit seiner Züge zu betrachten; immer wurde sie hingerissen von dem Adel seines Wesens, wie er es war von ihrer Grazie. Sie spielten wie die Kinder mit Nichtigkeiten, diese Nichtigkeiten führten sie immer wieder zu ihrer Liebe zurück, und sie hörten mit dem Spielen nur auf, um in die Träumerei des far niente zu versinken. Ein von Ginevra gesungenes Lied gab ihrer Liebe noch eine entzückende Nuance. Dann durcheilten sie mit gleichem Schritt und in gleicher Seelenstimmung die Felder und fanden überall das Abbild ihrer Liebe in den Blumen, am Himmelszelt, in den glühenden Farben der untergehenden Sonne; sie erblickten es sogar in den eigenartigen Wolkengebilden, die sich in den Lüften bekämpften. Niemals ähnelte ein Tag dem vorangegangenen, denn ihre Liebe wuchs immer noch, weil sie echt war. In den wenigen Tagen hatten sie einander erprobt und hatten instinktmäßig erkannt, dass sie beide Seelen besaßen, deren unerschöpfliche Reichtümer immer neue Genüsse in der Zukunft zu versprechen scheinen. Es war die Liebe in all ihrer Unberührtheit, mit ihren unendlichen Plaudereien, ihren nicht vollendeten Sätzen, ihrem langen Stillschweigen, ihrer orientalischen Ruhe und ihrem wilden Schwunge. Luigi und Ginevra hatten alles begriffen, was die Liebe geben kann. Ist die Liebe nicht wie das Meer, das, oberflächlich oder eilig gesehen, von gewöhnlichen Seelen für einförmig gehalten wird, während bevorzugte Wesen ihr Leben damit zubringen können, es anzustaunen, indem sie unaufhörlich wechselnde Erscheinungen finden, die sie entzücken?

Trotzdem vertrieb eines Tages die Überlegung die jungen Gatten aus ihrem Eden, denn es war nötig geworden, an die Arbeit zu gehen, um zu leben. Ginevra, die eine besondere Begabung für das Kopieren alter Bilder besaß, machte sich an diese Arbeit und schuf sich eine Kundschaft unter den Bilderhändlern. Seinerseits suchte Luigi sehr eifrig nach einer Beschäftigung; aber es war sehr schwer, für einen jungen Offizier, dessen gesamte Begabung sich auf eine genaue Kenntnis der Strategie beschränkte, in Paris eine Verwendung zu finden. Als er eines Tages, müde seiner vergeblichen Anstrengungen, in Verzweiflung darüber war, dass die gesamte Last für ihren Unterhalt ganz allein auf Ginevra fiel, kam ihm der Gedanke, einen Gewinn aus seiner Handschrift, die sehr schön war, zu ziehen. Mit der Beharrlichkeit, für die ihm seine Frau ein Beispiel gegeben hatte, bat er bei den Pariser Anwälten, Notaren und Advokaten um Arbeit. Seine freimütige Art und seine Situation sprachen lebhaft zu seinen Gunsten, und er erhielt genug Aufträge, sodass er sich genötigt sah, die Hilfe von jungen Leuten in Anspruch zu nehmen. Ohne es beabsichtigt zu haben, errichtete er eine Schreibstube im großen Stil. Der Ertrag dieses Bureaus und der Preis für die Bilder Ginevras brachten schließlich dem jungen Haushalt einen gewissen Wohlstand, auf den sie stolz waren, weil er von ihrem Fleiß geschaffen war.

Das war die schönste Zeit ihres Lebens. Zwischen ihrer Tätigkeit und ihrem Liebesglück verflogen die Tage schnell. Abends, nach fleißig getaner Arbeit, fanden sie sich selig in Ginevras kleiner Zelle zusammen. Die Musik bot ihnen Erholung nach ihrer mühevollen Arbeit. Niemals verdunkelte ein Ausdruck von Trübsinn die Züge der jungen Frau, und niemals äußerte sie eine Klage. Immer vermochte sie vor ihrem Luigi mit einem Lächeln auf den Lippen und mit strahlenden Augen zu erscheinen. Bei beiden überwog ein Gedanke, der auch ihre schwerste Arbeit zu einem Vergnügen machte: Ginevra sagte sich, dass sie für Luigi, und Luigi, dass er für Ginevra arbeite. Manchmal dachte, in Abwesenheit ihres Mannes, die junge Frau an das vollkommene Glück, das sie hätte genießen können, wenn dieses Leben voll Liebe sich in Gegenwart ihres Vaters und ihrer Mutter abgespielt hätte: Sie verfiel dann vor Gewissensbissen in schweren Trübsinn; trübe Bilder zogen schattenhaft an ihr vorüber: Sie sah ihren alten Vater allein oder ihre Mutter am Abend weinend vor sich, wie sie ihre Tränen vor dem unerbittlichen Piombo verbarg; die beiden weißen, ernsten Häupter erhoben sich plötzlich vor ihr, und es schien ihr, dass sie sie nur in dem ungewissen Licht der Erinnerung betrachten dürfe. Dieser Gedanke verfolgte sie wie eine böse Ahnung. Den Jahrestag ihrer Hochzeit feierte sie damit, dass sie ihrem Gatten das Porträt schenkte, das er sich so oft gewünscht hatte, das seiner Ginevra. Noch niemals hatte die junge Künstlerin etwas so Hervorragendes zustande gebracht. Abgesehen von der vollkommenen Ähnlichkeit waren der Glanz ihrer Schönheit, die Reinheit ihres Empfindens und das Glück ihrer Liebe mit einer Art übernatürlicher Kunst wiedergegeben. Das Meisterwerk wurde feierlich eingeweiht. Sie verbrachten so noch ein zweites Jahr in behaglichem Wohlstande. Die Geschichte ihres Daseins ließ sich mit drei Worten erzählen: Sie waren glücklich. Irgendein anderes Ereignis ist nicht zu berichten.

Zu Beginn des Winters 1819 rieten die Bilderhändler Ginevra, ihnen etwas anderes zu bringen als Kopien, denn sie konnte sie mit Rücksicht auf die Konkurrenz nicht mehr vorteilhaft verkaufen. Frau Porta wurde es klar, dass sie sich mit Unrecht nicht auf die Malerei von Genrebildern gelegt hätte, die ihr einen Namen gemacht hätten, und sie begann, Porträts zu malen; aber hierbei musste sie gegen eine Menge von Künstlern kämpfen, die noch weniger wohlhabend waren. Da aber Luigi und Ginevra etwas Geld erspart hatten, so verzweifelten sie noch nicht an der Zukunft. Am Ende des Winters dieses Jahres arbeitete Luigi ohne Unterlass. Auch er hatte mit Konkurrenten zu kämpfen: Der Preis für das Abschreiben war so weit heruntergegangen, dass er niemanden anders mehr beschäftigen konnte und sich in die Notwendigkeit versetzt sah, mehr Zeit als bisher auf seine Arbeit zu verwenden, um den gleichen Betrag zu verdienen. Seine Frau hatte mehrere Bilder vollendet, die nicht ohne Verdienst waren; aber die Händler kauften kaum solche von namhaften Künstlern. Ginevra bot sie zu niedrigem Preise an, ohne sie verkaufen zu können. Die Lage dieses Haushaltes hatte etwas Erschreckendes an sich; die Seelen der beiden Gatten schwammen in Glück, die Liebe überhäufte sie mit ihren Schätzen, und die Armut erhob sich wie ein Skelett inmitten dieser reichen Ernte der Freude, wobei sie einander gegenseitig ihre Unruhe verbargen. Wenn Ginevra Luigi leiden sah, so war sie nahe am Weinen und überhäufte ihn mit Zärtlichkeiten. Ebenso hegte Luigi eine dunkle Angst in seinem Herzen, während er die zärtlichste Liebe an Ginevra verschwendete. Sie suchten einen Ersatz für ihre Leiden in dem Überschwang ihrer Gefühle, und ihre Worte, ihre Freuden, ihre Spielereien steigerten sich zu einer Art von Wahnsinn. Sie fürchteten sich vor der Zukunft. Welche Empfindung ist so mächtig wie eine Leidenschaft, die am nächsten Tage, vom Tode oder von der Not vernichtet, vorüber sein kann? Wenn sie von ihrer Bedürftigkeit sprachen, hielten sie es für nötig, einander zu täuschen, und stürzten sich mit gleicher Wärme auf den leisesten Hoffnungsstrahl. Eines Nachts suchte Ginevra Luigi vergeblich neben sich und stand voll Schrecken auf. Ein schwacher Lichtschein an der dunklen Mauer des kleinen Hofes ließ sie ahnen, dass ihr Mann auch nachts arbeitete. Luigi wartete, bis seine Frau eingeschlafen war, um in sein Arbeitszimmer hinaufzugehen. Es war vier Uhr, Ginevra legte sich wieder hin und tat, als ob sie schliefe. Erschöpft von der Arbeit und übermüdet kam Luigi zurück, und Ginevra betrachtete schmerzvoll sein schönes Gesicht, in das Arbeit und Sorge schon einige Runzeln gegraben hatten.

»Meinetwegen verbringt er die Nacht mit Schreiben«, sagte sie sich weinend.

Aber eine Idee trocknete ihre Tränen. Sie beschloss, Luigi nachzuahmen. Noch am selben Tage ging sie zu einem reichen Händler mit Kupferstichen, und mithilfe eines Empfehlungsschreibens, das sie sich für den Kaufmann von Elias Magus hatte geben lassen, erhielt sie einen Auftrag auf Kolorierung. Am Tage malte sie und beschäftigte sich mit ihrer Wirtschaft, dann, wenn es Nacht wurde, kolorierte sie Stiche. Diese beiden Geschöpfe voll heißer Liebe stiegen nur in das Ehebett, um bald wieder aufzustehen. Alle beide taten, als ob sie schliefen, und verließen einander in ihrer Hingabe, sobald eins das andere getäuscht hatte. Eines Nachts öffnete Luigi in einer Art von Fieber, infolge der Arbeit, deren Last ihn zu erdrücken begann, das Dachfenster, um etwas reine Morgenluft zu atmen und seine Schmerzen abzuschütteln, als seine nach unten gerichteten Blicke das Licht bemerkten, das Ginevras Lampe warf; der Unglückliche ahnte alles, stieg hinunter, schlich leise vorwärts und überraschte seine Frau in ihrem Atelier, wie sie Stiche ausmalte.

»Oh, Ginevra!«, rief er aus.

Sie fuhr krampfhaft von ihrem Stuhl in die Höhe und errötete.

»Konnte ich schlafen, während du dich in Arbeit erschöpftest?«, sagte sie.

»Aber ich allein habe das Recht, so zu arbeiten.«

»Und ich soll untätig bleiben«, erwiderte die junge Frau, während ihr die Tränen in die Augen stiegen. »wo ich weiß, dass jedes Stück Brot uns fast einen Tropfen deines Blutes kostet? Ich würde sterben, wenn ich nicht meine Arbeit mit der deinigen vereinigen dürfte. Soll nicht alles zwischen uns gemeinsam sein, Freude und Kummer?«

»Du erkältest dich ja«, rief Luigi verzweifelt. »Schließe doch dein Tuch besser über der Brust, geliebte Ginevra, die Nacht ist feucht und kalt.«

Sie traten an das Fenster, die junge Frau lehnte ihr Haupt an die Brust ihres Vielgeliebten, der sie umfasst hatte, und beide betrachteten, in tiefes Schweigen versunken, den Himmel, an dem das Morgenrot langsam erschien. Graue Wolken zogen schnell hintereinander her, und im Osten wurde es immer heller.

»Siehst du«, sagte Ginevra, »das ist ein gutes Zeichen: Wir werden glücklich werden.«

»Ja, im Himmel«, erwiderte Luigi mit bitterem Lächeln. »Ach, Ginevra, du, die du alle Schätze der Erde verdientest ...«

»Ich habe ja deine Liebe«, sagte sie mit freudigem Ausdruck.

»Ach, ich beklage mich ja auch nicht«, entgegnete er und drückte sie fest an sich. Und er bedeckte mit Küssen ihr zartes Gesicht, das anfing, seine Jugendfrische zu verlieren, dessen Ausdruck aber so sanft und zärtlich war, dass er es niemals ansehen konnte, ohne getröstet zu sein.

»Welches Schweigen!«, sagte Ginevra. »Ich finde einen großen Genuss darin, Liebster, jetzt wach zu sein. Die Majestät der Nacht teilt sich einem wirklich mit, sie erscheint gewaltig, sie regt einen an; es liegt eine gewisse Macht in dem Gedanken: Alles schläft, und ich wache.«

»Oh, Ginevra, ich weiß es nicht erst seit heute, wie zart das Empfinden deiner Seele ist! Aber da ist das Morgenrot, komm schlafen.«

»Ja«, antwortete sie, »wenn ich nicht allein zu schlafen brauche. Was habe ich nachts gelitten, wenn ich wahrnahm, dass mein Luigi ohne mich wachte.«

Der Mut, mit dem das junge Paar gegen die Not ankämpfte, wurde eine Zeit lang belohnt; aber ein Ereignis, das sonst den Höhepunkt des Glücks einer Ehe darstellt, wurde ihm verhängnisvoll: Ginevra gebar einen Sohn, der, um den üblichen Ausdruck zu gebrauchen, schön wie der Tag war. Das Muttergefühl verdoppelte die Kraft der jungen Frau. Luigi borgte sich Geld, um die Kosten der Niederkunft Ginevras zu bezahlen. In der ersten Zeit empfand sie daher nicht das ganze Unbehagen ihrer Lage, und die beiden Gatten überließen sich dem Glücksgefühl, ein Kind aufziehen zu können. Das war ihr letztes Glück. Wie zwei Schwimmer ihre Kräfte vereinigen, um gegen eine Strömung anzukämpfen, so mühten sich die beiden Korsen zuerst voller Mut; aber manchmal verfielen sie in eine Apathie, ähnlich dem Schlaf, der dem Tode vorangeht, und bald sahen sie sich genötigt, ihren Schmuck zu verkaufen. Plötzlich war die Armut da, noch nicht die hässliche, sondern die noch anständig verhüllte, die beinahe leicht zu ertragen ist; sie kündigte sich noch nicht erschreckend an, in ihrem Gefolge waren weder Verzweiflung, noch Angst, noch Lumpen zu sehen; aber sie ließ die

Erinnerung an die Gewohnheiten des behaglichen Lebens schwinden; sie nutzte das Gefühl des Stolzes ab. Dann kam das Elend in all seiner Scheußlichkeit, das sich nicht mehr um seinen Plunder kümmerte und alle menschlichen Empfindungen mit Füßen trat. Sieben bis acht Monate nach der Geburt des kleinen Bartolomeo hätte man nur mit Mühe in der Mutter, die das schwächliche Kind nährte, die reizenden Züge des Originals jenes wundervollen Porträts erkannt, des einzigen Schmucks des kahlen Zimmers. Ohne Heizung in einem rauen Winter sah Ginevra, wie die zarten Züge ihres Gesichts sich langsam veränderten, wie ihre Wangen bleich wie Porzellan, ihre Augen matt wurden, als ob die Lebensquellen in ihr versiegten. Wenn sie wahrnahm, wie ihr Kind abmagerte und bleich wurde, litt sie nur an seinem Elend, und Luigi hatte nicht mehr den Mut, seinem Sohne zuzulächeln.

»Durch ganz Paris bin ich gerannt«, sagte er in düsterem Tone, »aber ich kenne ja niemanden, und wie soll ich es wagen, gleichgültige Leute anzusprechen? Vergniaud, unser Pferdezüchter, mein alter Waffengefährte aus Ägypten, ist in eine Verschwörung verwickelt und ins Gefängnis geworfen worden, und im Übrigen hat er mir schon alles geliehen, worüber er verfügen konnte. Und unser Hausbesitzer hat seit einem Jahre keine Miete verlangt.«

»Aber wir brauchen ja nichts«, antwortete Ginevra sanft und machte ein beruhigtes Gesicht.

»Jeder neue Tag bringt eine Schwierigkeit mehr«, sagte Luigi voll Schrecken.

Luigi nahm alle Bilder Ginevras, das Porträt, verschiedene Möbel, die noch in der Wirtschaft entbehrlich waren, verkaufte alles für einen niedrigen Preis, und die Summe, die er erhielt, verlängerte die Agonie des Haushalts noch für einige Zeit. In diesen Unglückstagen zeigte Ginevra die Erhabenheit ihres Charakters und die Größe ihrer Resignation; stoisch ertrug sie jeden Schmerz; ihr energischer Geist hielt sie in allem Unglück aufrecht, sie kämpfte mit erlahmender Hand neben ihrem sterbenden Sohn, führte die Wirtschaft mit wunderbarer Tüchtigkeit und wusste allen Ansprüchen zu genügen. Sie war sogar noch glücklich, wenn sie auf Luigis Lippen ein Lächeln des Erstaunens beim Anblick der Sauberkeit erblickte, die das einzige Zimmer, in das sie sich geflüchtet hatten, aufwies.

»Ich habe dir ein Stück Brot aufgehoben, Liebster«, sagte sie zu ihm, als er eines Abends ermüdet heimkehrte.

»Und du?«

»Ich habe schon gegessen, lieber Luigi, ich brauche nichts.«

Und der zärtliche Ausdruck ihres Gesichtes drängte ihn noch mehr als ihre Worte, eine Nahrung anzunehmen, deren sie sich beraubte. Luigi drückte ihr einen jener Küsse der Verzweiflung auf, wie sie sich 1793 die Freunde gaben, wenn sie zusammen das Schafott bestiegen. In solchen höchsten Momenten sehen sich zwei Wesen völlig ins Herz. So fühlte auch der unglückliche Luigi, der plötzlich begriffen hatte, dass seine Frau hungerte, dasselbe Fieber, das sie verzehrte, er erschauerte und ging fort, indem er ein eiliges Geschäft vorschützte, denn er hätte lieber das schärfste Gift genommen, als den Hungertod vermieden, indem er das letzte Stück Brot aß, das sich im Hause vorfand. Er irrte durch Paris inmitten der elegantesten Wagen und des beleidigenden Luxus, der sich überall breitmacht; er kam an den Läden der Geldwechsler vorbei, wo das Gold funkelt, und beschloss schließlich, sich selbst zu verkaufen und sich als Ersatzmann für den Militärdienst anzubieten, in der Hoffnung, dass dieses Opfer Ginevra retten, und dass sie sich mit Bartolomeo wieder aussöhnen könne. Er ging also zu einem der Männer, der solche Leute anwarb, und war glücklich, in ihm einen alten Offizier der kaiserlichen Garde zu erkennen. »Ich habe seit zwei Tagen nichts gegessen, sagte er langsam mit schwacher Stimme, »meine Frau stirbt vor Hunger und lässt keine Klage laut werden, ich glaube, sie würde mit einem Lächeln auf den Lippen sterben. Erbarmen, Kamerad«, fügte er mit bitterem Lächeln hinzu, »du kannst mich schon gleich nehmen, ich bin robust, ich bin nicht mehr im Dienst, und ich ...

Der Offizier gab Luigi eine Summe als Vorschuss auf den Betrag, den er ihm zu verschaffen sich verpflichtete. Der Unselige stieß ein krampfhaftes Lachen aus, als er eine Handvoll Goldstücke festhielt, und rannte aus Leibeskräften nach Hause, während er wiederholt ausrief: »Oh meine Ginevra, meine Ginevra!« Es begann zu dunkeln, als er daheim anlangte. Er trat leise herein, weil er fürchtete, seine Frau, die er so schwach zurückgelassen hatte, zu sehr zu erregen. Die letzten Strahlen der Sonne drangen durch das Dachfenster und erstarben auf Ginevras Gesicht, die auf einem Stuhl sitzend schlief, während sie ihr Kind am Busen hielt.

»Wach auf, mein Herz«, sagte er, ohne auf die Haltung seines Kindes zu achten, das in einem überirdischen Glanz dalag.

Als sie seine Stimme hörte, öffnete die arme Mutter die Augen, begegnete seinem Blick und lächelte; aber Luigi stieß einen Schrei des Entsetzens aus. Kaum konnte er seine Frau erkennen, die fast wie eine Irre dasaß, während er ihr mit wilder Energie das Gold zeigte. Ginevra stieß mechanisch ein Lachen aus; plötzlich rief sie mit entsetzter Stimme: »Louis, das Kind ist kalt!« Sie sah ihren Sohn an und wurde ohnmächtig: Der kleine Bartolomeo war tot. Luigi nahm seine Frau in die Arme, ohne ihr das Kind fortzunehmen, das sie mit unglaublicher Kraft an sich presste, und nachdem er sie auf das Bett gelegt hatte, eilte er hinaus, um Hilfe zu holen.

»Mein Gott«, sagte er zu dem Hausbesitzer, den er auf der Treppe traf, »ich habe hier Gold, und mein Kind ist vor Hunger gestorben, und die Mutter stirbt mir auch ... helfen Sie uns!«

Verzweifelt ging er wieder zu seiner Frau hinein, während der ehrenhafte Bauunternehmer mit mehreren Nachbarn alles zusammenholte, was das bis dahin unbekannte Elend lindern konnte, das die beiden Korsen aus Stolz so sorgfältig verhehlt hatten. Luigi hatte das Gold auf den Fußboden geworfen und kniete an dem Bette, in dem seine Frau lag.

»Vater, sorge für meinen Sohn, der deinen Namen trägt!«, rief Ginevra in ihrem Fieberzustand aus. »Ach, mein Engel, beruhige dich doch!«, sagte Luigi und umarmte sie; »es erwarten uns noch gute Tage!«

Seine Stimme und seine Zärtlichkeit ließen sie wieder ruhiger werden.

»Oh, mein Louis!«, begann sie wieder und sah ihm aufmerksam ins Gesicht, »höre mich wohl an. Ich fühle, dass ich sterbe. Ich muss sterben, denn ich habe zu sehr gelitten, und dann muss man für ein Glück, das so groß war, wie das meine, bezahlen. Ja, mein Luigi, tröste dich. Ich bin so glücklich gewesen, dass, wenn ich mein Leben von vorn beginnen sollte, ich unser Geschick nochmals auf mich nehmen würde. Ich bin eine schlechte Mutter: Ich fühle mehr Schmerz um dich als um mein Kind. – Mein Kind!«, fügte sie mit düsterer Stimme hinzu. Zwei Tränen entquollen ihren ersterbenden Augen, und plötzlich presste sie den Leichnam an sich, den sie nicht mehr erwärmen konnte. – »Gib mein Haar meinem Vater als Erinnerung an seine Ginevra«, fuhr sie fort. »Versichere ihm, dass ich niemals eine Anklage gegen ihn erhoben habe ...« Und ihr Haupt fiel auf den Arm ihres Mannes.

»Nein, du darfst nicht sterben!«, schrie Luigi; »der Arzt wird gleich kommen. Wir haben jetzt Brot. Dein Vater wird dir verzeihen. Wir werden wieder zu Wohlstand gelangen. Bleib bei uns, du Engel von Schönheit!«

Aber das treue, liebevolle Herz erkaltete, Ginevra wandte instinktiv die Augen dem, den sie anbetete, zu, obwohl sie nichts mehr fühlte: Verschwommene Bilder tauchten vor ihrem Geist auf, der keine Erinnerung an Irdisches mehr hatte. Sie wusste, dass Luigi da war, denn sie presste seine eisige Hand immer stärker, als wollte sie sich an ihm festhalten vor dem Abgrund, in den sie zu stürzen glaubte. »Mein Freund«, sagte sie endlich, »dir ist kalt, ich will dich erwärmen.«

Sie wollte die Hand ihres Mannes auf ihr Herz legen, aber sie hauchte ihren letzten Atem aus. Zwei Ärzte, ein Priester, Nachbarn traten jetzt herein und brachten alles Nötige, um dem Ehepaar zu helfen und seine verzweifelte Lage zu lindern. Die Fremden machten zuerst viel Geräusch; aber als sie eingetreten waren, herrschte eine schreckliche Stille im Zimmer.

Während diese Szene sich abspielte, saßen Bartolomeo und seine Frau in ihren antiken Sesseln, jeder an einer Seite des großen Kamins, dessen brennende Glut den riesigen Salon ihres Hauses erwärmte. Die Uhr zeigte auf Mitternacht. Seit langer Zeit hatte das alte Paar keinen Schlaf mehr. Jetzt saßen sie schweigend da, wie zwei kindisch gewordene Greise, die alles anstarren, ohne etwas zu sehen. Ihr verlassener, aber von ihren Erinnerungen erfüllter Salon war schwach von einer einzigen Lampe erhellt, die dicht am Erlöschen war. Ohne die zitternden Flammen des Kamins hätten sie völlig im Dunkeln gesessen. Einer ihrer Freunde hatte sie eben verlassen, und der Stuhl, auf dem er während des Besuchs gesessen hatte, stand zwischen den beiden Korsen. Piombo hatte bereits mehr als einen Blick auf diesen Stuhl geworfen, und diese gedankenvollen Blicke folgten einander wie Gewissensbisse, denn der leere Stuhl war der Ginevras. Elisa Piombo spähte nach dem Ausdruck, den das bleiche Gesicht ihres Mannes annahm. Obwohl sie gewöhnt war, die Gefühle des Korsen zu ahnen, je nach den wechselnden Verzerrungen seiner Züge, waren diese doch abwechselnd so drohend und so melancholisch geworden, dass sie nicht mehr in dieser unbegreiflichen Seele zu lesen vermochte.

Gab Bartolomeo den schwerwiegenden Erinnerungen, die dieser Stuhl wachrief, nach? War er verletzt dadurch, dass seit dem Weggang seiner Tochter zum ersten Mal ein Fremder sich seiner bedient hatte? Hatte die Stunde der Verzeihung, diese bisher so vergeblich erwartete Stunde, geschlagen?

Diese Erwägungen bestürmten nacheinander Elisa Piombos Herz. Einen Augenblick lang bekam das Gesicht ihres Mannes einen so schrecklichen Ausdruck, dass sie vor ihrem Wagnis zitterte, eine so einfache List gebraucht zu haben, um eine Gelegenheit zu schaffen, von Ginevra zu reden. In diesem Augenblick jagte der Sturm Schneeflocken so heftig gegen die Fensterläden, dass die beiden Alten das leise Geräusch hören konnten. Ginevras Mutter neigte das Haupt, um die Tränen vor ihrem Manne zu verbergen. Plötzlich stieg ein Seufzer aus der Brust des Greises, seine Frau sah ihn an, er war besiegt; und sie wagte es, zum zweiten Mal seit drei Jahren, ihm von der Tochter zu reden.

»Wenn Ginevra fröre!«, rief sie leise aus. Piombo erzitterte – »Sie hungert vielleicht«, fuhr sie fort. Der Korse hatte eine Träne im Auge. – »Sie hat ein Kind und kann es nicht nähren, ihre Milch ist versiegt!«, rief lebhaft die Mutter in verzweifeltem Tone.

»Sie soll kommen! Sie soll kommen!«, rief Piombo. »Oh, mein geliebtes Kind, du hast mich besiegt!« Die Mutter erhob sich, um ihre Tochter zu holen. In diesem Augenblick wurde die Tür jäh aufgestoßen und ein Mann, dessen Gesicht nichts Menschliches mehr hatte, stand plötzlich zwischen ihnen. »Tot! Unsere beiden Familien mussten einander ausrotten, denn hier ist alles, was von ihr geblieben ist«, sagte er und legte Ginevras langes schwarzes Haar auf einen Tisch.

Die beiden Alten schwankten, als ob sie ein Blitzstrahl getroffen hätte, aber sie sahen Luigi nicht mehr aufrecht.

»Er erspart uns einen Schuss, denn er ist tot!«, sagte Bartolomeo langsam und sah auf die Erde.

DIE BÖRSE

Es gibt eine köstliche Stunde für Herzen, die sich leicht öffnen, für frische Herzen, die stets jung und zärtlich bleiben, und diese Stunde, die unbestimmteste und veränderlichste von allen, aus denen ein Tag besteht, beginnt in dem Augenblick, wo es noch nicht Nacht und nicht mehr Tag ist. Die Abenddämmerung wirft ihre matten Färbungen und wunderlichen Beleuchtungen auf alle Gegenstände, und süße Träumereien entstehen dann, während Licht und Dunkelheit miteinander kämpfen. Das Schweigen, das fast stets während dieses an Inspirationen reichen Augenblickes herrscht, macht ihn besonders den Dichtern, Malern und Bildhauern teuer. Sie sammeln sich, treten ein wenig von ihren Werken zurück, und da sie nicht mehr daran arbeiten können, so beurteilen sie sie und berauschen sich mit Wonne an ihren Schöpfungen, deren ganze Schönheit sich vor dem inneren Auge ihres Genius entfaltet.

Derjenige, der noch nie während dieses Augenblicks in poetische Träumereien versunken neben einem Freunde saß, wird nur schwer die unnennbaren Wohltaten desselben begreifen. Infolge des Halbdunkels verschwindet der materielle Trug, den die Kunst anwendet, um an die Wirklichkeit des Lebens glauben zu machen. Der Schatten wird dann Schatten, Licht ist Licht, das Fleisch wird lebendig, die Augen leuchten, Blut fließt durch die Adern, und die Gewänder der gemalten Figuren scheinen zu rauschen. Die Einbildungskraft kommt auf wundersame Weise zu Hilfe, um an die Natürlichkeit der Einzelheiten glauben zu machen; man sieht nur noch die Schönheit des Werks, und wenn es sich um ein Gemälde handelt, so scheint es uns, als ob die dargestellten Personen redeten und sich bewegten.

Despotisch herrscht in dieser Stunde die Illusion; sie erhebt sich mit der Nacht. Und ist sie für den Verstand nicht eine Art von Nacht, an die wir so gern glauben? Die Illusion hat dann Schwingen, sie führt den Geist in die Welt der Fantasien, in eine Welt, die fruchtbar an wollüstigen Launen ist, und in welcher der Künstler ganz und gar die wirkliche Welt vergisst, die Vergangenheit, die Zukunft, sogar sein Elend.

In dieser magischen Stunde war es, als ein junger Maler, ein talentvoller Mann, der in der Kunst nur die Kunst selbst erblickte, die Doppelleiter bestiegen hatte, deren er sich bediente, um ein großes und hohes Gemälde zu entwerfen, das bereits zu einem großen Teile vollendet war. Er beurteilte sich jetzt selbst, bewunderte sich aufrichtig, überließ sich dem Strome seiner Gedanken und versank in eine jener Überlegungen, die das Herz entzücken und erheben, die ihm schmeicheln und es trösten. Seine Träumerei dauerte ohne Zweifel lange Zeit; die Nacht erschien, und sei es nun, dass er von seiner Leiter herabsteigen wollte, sei es, dass er eine unvorsichtige Bewegung machte, indem er sich auf ebener Erde glaubte, denn das Ereignis erlaubte ihm nicht, sich genau an die Ursachen seines Unglücks zu erinnern ... Er fiel.

Sein Kopf schlug gegen einen Sessel, sodass er das Bewusstsein verlor und eine Zeit lang regungslos liegen blieb. Wie lange er in diesem bewusstlosen Zustande verblieb, konnte er selbst nicht angeben. Eine sanfte Stimme erweckte ihn aus der Betäubung, in die er versunken war. Als er die Augen aufschlug, drang ein so lebhaftes Licht durch die Lider, dass er sie sogleich wieder schließen musste. Nun vernahm er durch den Schleier hindurch, der seine Sinne gewissermaßen umhüllte, das Gespräch zweier weiblichen Personen, und fühlte jugendliche schüchterne Hände sein Haupt betasten. Als er dann sein Bewusstsein vollkommen wiedergewonnen, vermochte er beim Schein einer altmodischen Lampe das wonnigste Köpfchen eines jungen Mädchens zu unterscheiden, das er je gesehen hatte, einen von jenen Köpfen, die man oft für eine Laune des Pinsels halten möchte, der aber für ihn sein schönes Ideal plötzlich verwirklichte, denn jeder Künstler hat ein Ideal, und daher eben entspringt sein Talent.

Das Antlitz der Unbekannten gehörte gewissermaßen zu dem feinen und zarten Typus der Schule von Prudhon und besaß überdies jene fantastische Poesie, mit der Girodet seine Gestalten bekleidet hat. Die Frische der Schläfen, die Regelmäßigkeit der Brauen, die Reinheit der Linien, die in allen Zügen dieser Physiognomie kräftig ausgeprägte Jungfräulichkeit machten gewissermaßen eine vollendete Schöpfung aus dem jungen Mädchen. Es hatte einen schlanken und geschmeidigen Wuchs, hatte zarte Formen. Die einfache und saubere Kleidung deutete weder auf Reichtum noch auf Armut.

Als der junge Maler die Besinnung wiedererlangt hatte, drückte er seine Bewunderung durch einen Blick der Überraschung aus und stotterte verlegene Worte des Dankes. Er fand seine Stirn mit einem Taschentuch umwunden und erkannte trotz des Geruchs, der den Malerwerkstätten eigen ist, den starken Duft des Äthers, der ohne Zweifel angewandt war, um ihn aus seiner Ohnmacht zu wecken. Dann bemerkte er endlich auch noch eine alte Dame, die den Marquisen des Ancien Regime glich, die eine Lampe hielt und der jungen Dame Ratschläge gab.

»Mein Herr«, antwortete das junge Mädchen auf eine der Fragen, die der Maler an sie richtete, während seine Gedanken noch von dem Falle verwirrt waren, »meine Mutter und ich, wir hörten den dumpfen Fall eines Körpers in Ihrem Zimmer und glaubten darauf, ein Seufzen zu unterscheiden; die schreckliche Stille, die darauf folgte, veranlasste uns, zu Ihnen herauf zu eilen. Wir fanden den Schlüssel in der Tür und erlaubten uns, einzutreten, worauf wir Sie bewegungslos auf der Erde liegen sahen. Im ersten Augenblick fürchteten wir für ihr Leben. Meine Mutter holte sogleich alles, was für eine Kompresse und zu Ihrer Wiederbelebung nötig war. Sie sind an der Stirn verletzt ... hier ... fühlen Sie's?«

»Ja ... jetzt ...«, sagte er.

»O, es hat nichts zu sagen ...«, versetzte die alte Mutter. »Ihr Kopf ist zum Glück auf die Gliederpuppe gefallen.«

»Ich fühle mich schon wieder besser«, antwortete der Maler, »und bedarf nur eines Wagens, um nach meiner Wohnung zurückzukehren. Die Türschließerin wird mir einen besorgen ...«

Er wollte seinen Dank gegen die beiden Unbekannten wiederholen, wurde aber bei jedem Worte von der alten Dame unterbrochen, die zu ihm sagte: »Mein Herr, vergessen Sie nicht, morgen Blutegel anzusetzen oder sich schröpfen zu lassen ... Trinken Sie einige Tassen Arnikatee ...«

Das junge Mädchen schwieg. Es betrachtete auf verstohlene Weise den Maler und die Gemälde der Werkstätte; in seiner Haltung und seinen Blicken lag eine vollkommene Schicklichkeit. Seine Neugierde glich nur der Zerstreuung, und seine Augen schienen jenen Anteil auszudrücken, den das weibliche Geschlecht an jedem Unglücklichen nimmt. Die beiden Unbekannten schienen die Werke des Malers zu vergessen, während sie in Gegenwart des leidenden Malers waren, und als er sie hinsichtlich seiner Lage ermutigt hatte, gingen sie, indem sie sich nach manchem noch mit einer sanften Besorgnis erkundigten, die jedoch fern von jeder Vertraulichkeit blieb. Sie richteten keine unbescheidenen Fragen an ihn und suchten nicht, in ihm den Wunsch zu erwecken, seine Retterinnen kennenzulernen. In allen ihren Handlungen lag eine seltene Natürlichkeit, ein guter Geschmack, und wenn auch ihr edles und einfaches Benehmen für den Augenblick wenig Wirkung auf den Maler hervorbrachte, so überraschte es ihn doch lebhaft, als er sich hinterher die Einzelheiten dieses Auftritts in sein Gedächtnis zurückrief.

Als die alte Dame in das Stockwerk hinabgestiegen war, das sich unter der Werkstätte des Malers befand, sagte sie mit sanfter Stimme: »Adelaide, Du hast die Tür offen gelassen.«

»Um mir zu Hilfe zu kommen!«, antwortete der Maler mit einem Lächeln des Danks.

»Meine Mutter! Sie sind zuletzt unten gewesen! ...«, entgegnete das junge Mädchen errötend.

»Sollen wir Sie hinunter begleiten? ...«, fragte die Mutter den Maler, »die Treppe ist sehr dunkel!«

»Ich danke Ihnen, meine Damen ... ich fühle mich vollkommen besser.«

»Halten Sie sich ja an dem Geländer fest!«

Die beiden Damen blieben auf dem Absatz der Treppe stehen, leuchteten dem jungen Manne und lauschten auf das Geräusch seiner Schritte.

Um zu begreifen, wie überraschend und unerwartet dieser ganze Auftritt für den Maler sein musste, dürfen wir nur bemerken, dass er erst seit wenigen Tagen seine Werkstatt in einen Dachraum dieses Hauses verlegt hatte, das in dem dunkelsten, engsten und kotigsten Teile der Rue de Surèsne lag, unweit der Magdalenenkirche, und ebenfalls unfern seiner Wohnung, die sich in der Rue des Champs-Elysées befand.

Die Berühmtheit, die ihm sein Talent erworben und aus ihm einen der beliebtesten Künstler gemacht hatte, ließ ihn seine frühere Armut vergessen und so kannte er die Not allmählich nicht mehr. Statt daher fern in einer jener entlegenen Werkstätten in der Nähe der Barrièren zu arbeiten, deren mäßige Miete vordem im Verhältnis zu der Mäßigkeit seines Verdienstes stand, hatte er einem Wunsche genügt, der mit jedem Tage bei ihm wach geworden war, und die näher gelegene Werkstatt gemietet, die ihm weitere Wege ersparte und somit einen Verlust der Zeit, die für ihn jetzt kostbarer geworden war als je. Niemand in der Welt würde mehr Teilnahme eingeflößt haben, als Hippolyt Schinner, wenn er sich dazu hätte verstehen können, sich zu erkennen zu geben; allein er offenbarte nicht gern die Geheimnisse seines Lebens.

Er war der Abgott einer armen Mutter, die sich selbst die härtesten Entbehrungen aufgelegt hatte, um ihn erziehen zu können. Jungfer Schinner, die Tochter eines Bauern im Elsass, war nie verheiratet gewesen. Ihr empfindsames Herz war grausam geknickt durch einen reichen Mann, der in der Liebe nicht sehr zartfühlend war. Der Tag, an dem sie als junges Mädchen und in dem ganzen Glanze ihrer Schönheit auf Kosten ihres Herzens und ihrer schönsten Illusion jene Entzauberung erlitt, die uns so langsam erreicht und doch auch so schnell, da wir stets erst so spät als möglich an das Böse glauben wollen, wie uns das Böse immer noch zu schnell zu kommen scheint, jener Tag war demnach für sie ein ganzes Jahrhundert des Nachdenkens, sowie zugleich der Tag der frommen Gedanken und der Entsagung. Sie verschmähte die Almosen dessen, der sie betrogen hatte, entsagte der Welt und machte sich einen Ruhm aus ihrem Fehltritt. Sie widmete sich ganz und gar nur der mütterlichen Liebe und verlangte von dieser, während sie allen weltlichen Genüssen entsagte, die geheimen Wonnen eines ruhigen und ungekannten Lebens. Sie lebte von ihrer Arbeit und häufte sich einen Schatz auf in ihrem Sohne. Ein Tag, eine Stunde vergalt ihr daher später die langen und langsamen Opfer ihrer Armut. Bei der letzten Ausstellung hatte ihr Sohn, Hippolyt Schinner, das Kreuz der Ehrenlegion erhalten, und die Zeitungen, die einmütig das unbekannte Talent feierten, ergingen sich noch immer in aufrichtigen Lobsprüchen. Die Künstler selbst erkannten in Schinner einen Meister, und seine Gemälde wurden mit Gold aufgewogen. In seinem fünfundzwanzigsten Jahre hatte Hippolyt Schinner, dem seine Mutter eine weibliche Seele, eine große Zartheit der Organe und unendliche Reichtümer des Herzens vererbt hatte, besser denn je seine Stellung in der Welt erkannt. Er wollte seiner Mutter alle die Freuden erstatten, deren sie so lange Zeit entbehrte, lebte daher nur für sie und hoffte, durch seinen Ruhm und seinen Reichtum auch sie glücklich, reich und angesehen zu machen.

Schinner hatte seine Freunde unter den achtenswertesten und ausgezeichnetsten Männern gewählt; er war peinlich in der Wahl seiner Bekannten und wollte durch diese seine Stellung noch mehr erhöhen, die ohnedies schon durch sein Talent eine hohe war. Die hartnäckige Arbeit, der er sich von seiner Jugend an weihte, hatte ihm den schönen Glauben erhalten, der die ersten Tage des Lebens schmückt, indem sie ihn zwang, in der Einsamkeit zu bleiben, bei dieser Mutter der großen Gedanken. Sein reifender Geist verkannte das tausendfältige Schamgefühl nicht, das aus einem junge Manne ein besonderes Wesen macht, dessen Herz reich ist an Glückseligkeiten, an Poesien und jungfräulichen Hoffnungen, ein Wesen, das schwach erscheint in den Augen stumpfsinniger Menschen, aber tief ist, weil es einfach ist. Er besaß jenes sanfte und höfliche Benehmen, das die Herzen gewinnt und selbst die bezaubert, von denen es nicht begriffen wird. Er war schön gewachsen und seine Stimme hatte einen silberreinen Ton. Sah man ihn, so fühlte man sich zu ihm hingezogen durch eine jener moralischen Anziehungskräfte, die unsere allwissenden Psychologen glücklicherweise noch nicht zu erklären verstehen; sie hätten in derselben vielleicht eine Erscheinung des Galvanismus erkannt oder das Spiel irgendeines Fluidums; denn wir möchten ja jetzt selbst unsere Gefühle durch elektrische oder magnetische Strömungen erklären. Diese Einzelheiten machen vielleicht den Männern von kühnem Charakter mit wohlbestellten Halsbinden begreiflich, warum Hippolyt Schinner nicht eine Frage in Bezug auf die beiden Damen, deren gutes Herz er kennengelernt hatte, an die Türsteherin richtete, während der Mann derselben nach dem Ende der Rue de la Madelaine geeilt war, um einen Wagen zu holen. Obgleich er nur mit Ja und Nein auf die bei einer solchen Gelegenheit natürlichen Fragen antwortete, die die Türsteherin im Hinblick auf seinen Unfall und auf die Hilfeleistung der Mieterinnen im vierten Stock an ihn richtete, so konnte er dieselbe doch nicht verhindern, dem Instinkt der Türsteher zu folgen, und sie erzählte ihm nun nach ihrer Weise, was sie von den beiden Unbekannten wusste.

»Ach!«, sagte sie, »das ist ohne Zweifel Fräulein Leseigneur mit ihrer Mutter gewesen! Sie wohnen hier seit vier Jahren und wir wissen immer noch nicht, was sie treiben. Nur des Morgens, bis Mittag etwa, erscheint eine alte Aufwärterin, die halb taub ist und stumm wie eine Wand, um sie zu bedienen; abends kommen dann zwei oder drei alte Herren, die ebenfalls Orden tragen, wie Sie, mein Herr. Der eine hat eine Kutsche, Bediente und gegen fünfzigtausend Livres Rente. Oft bleiben die alten Herren bis spät in die Nacht. Übrigens sind sie recht ruhige Mietleute, wie Sie, mein Herr; aber sparsam; o, ich sage Ihnen, sie leben gleichsam von Nichts! ... Wenn ein Brief kommt, so bezahlen sie ihn auf der Stelle. Wunderlich ist es, mein Herr, dass die Mutter anders heißt als die Tochter ... Ach, wenn sie in die Tuilerien gehen, so überstrahlt das Fräulein alle andern jungen Damen, die jungen Herren laufen ihr bis vor das Haus nach, sie aber schlägt ihnen die Tür vor der Nase zu. Na, der Hauseigentümer würde aber auch nicht dulden ...«

Der Wagen war jetzt angekommen; Hippolyt hörte nicht weiter auf die alte Schwätzerin, sondern fuhr sogleich nach Hause. Seine Mutter, der er seinen Unglücksfall erzählte, verband nochmals die Wunde an der Stirn und erlaubte ihm am folgenden Tage nicht, in seine Werkstatt zu gehen. Sie rief einen Arzt herbei; verschiedene Vorschriften wurden von demselben gegeben und Hippolyt blieb zwei Tage zu Hause. Währenddessen rief ihm seine unbeschäftigte Einbildungskraft die Einzelheiten des Auftrittes ins Gedächtnis zurück, der sich nach seiner Ohnmacht vor seinen Augen zugetragen hatte. Die Züge des jungen Mädchens schwebten dabei häufig an seinen Blicken vorüber und dann sah er das gewelkte Antlitz der Mutter, oder fühlte noch Adelaides sanfte Hände. Manchmal erinnerte er sich an eine Bewegung oder einen Blick des Mädchens, das er anfangs unbeachtet gelassen hatte, deren Erinnerung ihm aber jetzt eine seltene Anmut enthüllte; ein andermal erinnerte er sich an eine Stellung oder an den Klang ihrer melodischen Stimme; die Erinnerung verschönerte die geringsten Zufälligkeiten aus diesem Abschnitt seines Lebens. Als er am dritten Tage frühzeitig nach seiner Werkstatt eilte, waren nicht seine begonnenen Gemälde, sondern der Besuch, den er bei seinen Nachbarinnen abstatten musste, der wahre Grund seiner Eile. In dem Augenblicke, in dem sich eine Liebe aus ihrem Keime entwickelt, werden wir von unerklärlichen Wonnen ergriffen. Das wissen alle, die je geliebt haben. Mancher Leser wird daher begreifen, weshalb der Maler so langsam die Stufen zum vierten Stock hinanstieg, weshalb sein Herz so schnell und heftig schlug, als er die braune Tür der bescheidenen Wohnung erblickte, in der er Fräulein Leseigneur wusste. Dieses Mädchen, das den Namen seiner Mutter nicht führte, hatte tausend Sympathien in dem Herzen des jungen Malers erweckt. Er glaubte, eine Ähnlichkeit zwischen ihrer Lage und der seinigen zu finden, und stattete sie mit allen Leiden seins eigenen Ursprungs aus. Er arbeitet und überließ sich dabei wonnigen Gedanken der Liebe, machte in einer Absicht, die er sich selbst nicht besonders zu erklären wusste, viel Geräusch, gleichsam als wolle er die beiden Damen dadurch zwingen, ebenso an ihn zu denken, wie er an sie dachte. Er blieb sehr lange in seiner Werkstatt, speiste dort und begab sich dann gegen sieben Uhr zu seinen Nachbarinnen.

Selten haben uns die Sittenschilderer durch ihre Erzählungen oder Schriften in das wahrhaft merkwürdige Innere eines gewissen Pariser Daseins eingeweiht, in das Geheimnis jener Wohnungen nämlich, aus denen so elegante Toiletten, so strahlende Damen hervorgehen, die, reich nach außen, zuhause allenthalben die Zeichen eines zweifelhaften Vermögens erblicken lassen. Wenn wir hier das Gemälde einer solchen Häuslichkeit mit raschen Pinselstrichen entwerfen, so beschuldige man die Erzählung nicht etwa der Breite; denn diese Beschreibung bildet gewissermaßen ein wichtiges Glied der Erzählung. Der Anblick der Wohnung, die die beiden Damen innehatten, erzeugte einen bedeutenden Einfluss auf Hippolyt Schinners Gefühle und Hoffnungen. Zunächst zwingt uns die geschichtliche Wahrheit zu dem Bekenntnis, dass der Besitzer des Hauses zu jenen Leuten gehörte, die einen tiefen Abscheu gegen alle Ausbesserungen und Verschönerungen hegen, zu jenen Männern, die ihre Stellung als Pariser Hauseigentümer gleichsam als einen Stand betrachten, der in der großen Kette der moralischen Spezies zwischen den Geizhälsen und Wucherern die gerechte Mitte einnimmt. Optimisten durch Berechnung, sind sie sämtlich dem System des Status quo des Herrn von Metternich treu. Spricht man davon, eine Tür, irgendeine Bekleidung sei zu verändern oder auch nur die notwendigste Ausbesserung vorzunehmen, so beginnen ihre Augen sich zu trüben, ihre Galle kommt in Aufregung und sie bäumen sich, gleich erschreckten Pferden. Hat der Wind einige Ziegeln von ihren Dächern herabgeworfen, so werden sie krank und vermeiden für einige Zeit den Besuch des Theaters oder Bierhauses, um das wieder zu ersparen, was die Ausbesserung kostet.

Hippolyt hatte bei Gelegenheit einiger Ausbesserungen und Verschönerungen, die in seiner Werkstatt vorzunehmen waren, die Gratisvorstellung einer komischen Szene von seinem Hauswirte bekommen und wunderte sich daher nicht über die schwarzen und fetten Töne, über die öligen Färbungen, über die Flecken und das andere widerwärtige Zubehör, das sich an dem Holzwerk der Wohnung zeigte. Diese Merkmale der Armut sind in den Augen eines Künstlers nicht ohne Poesie. Fräulein Leseigneur öffnete selbst die Tür. Als sie den jungen Maler sah, begrüßte sie ihn, wandte sich aber mit jener Pariser Gewandtheit und jener durch den Stolz verliebenen Geistesgegenwart um, die Glastüre eines Verschlages zu schließen, durch die Hippolyt zum Trocknen aufgehängte Wäsche hätte sehen können, sowie auch ein altes Gurtenbett, ein Kohlenbecken, Kohlen, Plätteisen und all jenes Gerät, das in kleinen Wirtschaften stets zur Hand ist. Vorhänge von Musselin, die vor den Glasscheiben der Tür angebracht waren, verhinderten nun jeden Einblick in dieses »Kapernaum«, wie man jetzt in der Sprache von Paris solche Arten von Wirtschafts- und Vorratskammern nennt; diese hier wurde durch kleine Fenster erhellt, die auf einen benachbarten Hof führten. Mit jenem grausamen und schnellen Beobachtungsblick, der den Künstlern eigen ist, erkannte Hippolyt die Bestimmung, die Möbel und den Zustand dieses ersten Raumes, der in zwei Abteilungen geschieden war. Der bessere Teil, der zu gleicher Zeit als Vorzimmer und Speisesaal diente, war mit einer alten, rosenfarbenen Papiertapete beklebt, deren Flecken und Löcher ziemlich sorgfältig unter Bildern versteckt waren, von deren Rahmen das Gold längst geschwunden. In der Mitte dieses Zimmers stand ein Tisch von altertümlicher Form und mit abgenutzten Rändern. Die Stühle zeigten einige Spuren verschwundenen Glanzes; allein der rote Maroquin des Sitzes und die vergoldeten Nägel hatten ebenso viele Wunden, wie die alten Sergeanten des Kaiserreiches. Überdies befanden sich in diesem Zimmer noch manche Gegenstände, die man nur in solchen Wirtschaften antrifft, die man mit Amphibien vergleichen könnte, indem sie halb an den Glanz und halb an das Elend grenzen. So erblickte Hippolyt zum Beispiel ein sehr schönes Perspektiv, das über dem kleinen grünlichen Spiegel hing, der den Kamin zierte. Um dieses wunderliche Mobiliar vollständig zu machen, stand zwischen dem Kamin und dem Verschlag noch ein schlechtes Buffet, das nach Acajou-Art angestrichen war, obgleich das Acajou von allen Hölzern dasjenige ist, dessen Nachahmung am wenigsten gelingt. Der rote und glatte Fußboden, die schlechten kleinen Teppiche, die vor den Stühlen lagen, die Sauberkeit der Möbel, das alles zeugte jedoch von jener Aufmerksamkeit, die den Altertümern einen falschen Glanz verleiht, und deren Gebrechlichkeit, Alter und Abgenutztheit nur noch mehr hervorhebt. Es herrschte in diesem Zimmer ein unbeschreiblicher Geruch, der notwendig von den Ausdünstungen des »Kapernaum« in Verbindung mit den Gerüchen des Speisezimmers und der Treppe entstehen musste, obschon ein Fenster halb geöffnet war. Die Luft von der Straße bewegte die Vorhänge von Perkal, die mit einer solchen Sorgfalt vorgesteckt waren, dass sie die Fensterbekleidung den Blicken entzogen, denn an dieser hatten alle früheren Bewohner des Zimmers durch verschiedene Inkrustationen, gewissermaßen häusliche Freskogemälde, Beweise ihres Daseins zurückgelassen.

Adelaide öffnete rasch die Tür des anderen Zimmers und führte den Maler mit einer gewissen Freude hinein. Hippolyt hatte einst bei seiner Mutter dieselben Zeichen der Armut kennengelernt, und als er sie jetzt mit jener eigentümlichen Lebhaftigkeit, die die ersten Eindrücke unseres Gedächtnisses charakterisiert, wahrnahm, erschlossen sich ihm weit mehr als jedem andern die Einzelheiten dieses Lebens. Er erkannte hier die Dinge seiner Kindheit wieder und empfand weder Verachtung gegen diese versteckte Armut, noch Stolz auf den Luxus, mit dem er neuerdings seine Mutter umgeben hatte. – »Nun, mein Herr, ich hoffe, dass Sie die Folgen Ihres Sturzes überwunden haben! …«, sagte die alte Mutter zu ihm, während sie sich aus einem altertümlichen Armsessel erhob, der neben dem Kamin stand, und ihm einen Stuhl herbeizog. »Vollkommen, meine Dame, und ich komme, Ihnen für die Sorgfalt, die Sie mir bewiesen haben, meinen Dank zu sagen, besonders dem Fräulein, das meinen Fall gehört hat …«

Hippolyt sprach diese Worte mit jener anmutigen Befangenheit aus, die durch die erste Verwirrung der wahren Liebe hervorgerufen wird, und blickte zugleich das junge Mädchen an; Adelaide zündete eben eine Schirmlampe an, um einen großen kupfernen Leuchter entfernen zu können, der bisher gebrannt hatte. Sie verneigte sich leicht und trug dann den kupfernen Leuchter in das Vorzimmer, stellte die Schirmlampe auf den Kamin und nahm darauf neben ihrer Mutter, etwas hinter dem Maler, Platz, um ihn nach Gefallen betrachten zu können.

Über dem Kamine befand sich ein großer Spiegel, und da Hippolyt fast fortwährend seine Augen nach demselben richtete, um Adelaide darin ansehen zu können, so diente jene kleine Mädchenlist nur dazu, beide abwechselnd in Verlegenheit zu bringen. Während Hippolyt mit Frau Leseigneur sprach, denn er erteilte auch ihr diesen Namen, prüfte er den Salon, aber auf dezente und verstohlene Weise. Der Herd das Kamins war voll Asche, und auf den Eisenstäben lagen zwei Feuerbrände, die kaum noch glimmten. Glücklicherweise lag ein alter und vielfach geflickter Teppich, der abgenutzt war wie der Rock eines Invaliden, auf dem Fußboden und machte gegen dessen Kälte unempfindlich. Die Wände waren mit einer Tapete bekleidet, die gelbe Zeichnungen auf rötlichem Grunde auswies. In der Mitte der Wand, den Fenstern gegenüber, bemerkte Hippolyt die Spalten einer Tapetentür, die wahrscheinlich nach einem Alkoven führte, in dem Frau Leseigneur schlief. Ein Kanapee war vor diese geheime Tür gestellt, verhehlte sie aber nur unvollkommen. Dem Kamine gegenüber sah man eine sehr schöne Komode von Acajou, deren Verzierung es weder an Reichtum noch an gutem Geschmack fehlte. Darüber hing ein Bild, das einen höheren Offizier darstellte, doch vermochte der Maler bei der geringen Beleuchtung die Waffengattung nicht zu unterscheiden, der jener angehörte.

Übrigens war es auch eine schreckliche Kleckserei, die mehr chinesischen als Pariser Ursprungs zu sein schien. Die Vorhänge der Fenster waren von roter Seide, aber verblichen, wie die Überzüge der Stühle. Auf dem Marmor der Kommode stand ein kostbares Tablett von grünem Malachit, das ein Dutzend bemalter Kaffeetassen trug, und auf dem Kamine eine Penduhr, darauf ein Krieger ein Viergespann führte. Die Kerzen der Leuchter, die zu beiden Seiten der Uhr standen, waren durch den Rauch vergilbt. Die beiden Ecken des Kaminsimses trugen eine Vase von Porzellan mit einem Strauß künstlicher Blumen, die mit Moos geschmückt und voll Staub waren. In der Mitte des Zimmers bemerkte Hippolyt einen aufgeklappten Spieltisch mit neuen Karten.

Für den Beobachter lag etwas Trostloses in dem Anblick dieses Elends, das sich hinter einem gewissen Glanz zu verstecken suchte, wie eine alte Frau hinter den Spitzen der Haube und der Fülle falscher Locken die Runzeln ihres Antlitzes zu verbergen bemüht ist. Jeder verständige Mann hätte sich bei diesem Anblick in einem Dilemma befunden: entweder sind diese beiden Frauen die Rechtschaffenheit selbst, oder sie leben von Intrigen und vom Spiel. Wenn aber ein junger und unschuldiger Mann, wie Hippolyt, Adelaide sah, so musste er an die vollkommenste Unschuld glauben und den Mängeln des Mobiliars die ehrenvollsten Ursachen unterlegen.

»Meine Tochter«, sagte die alte Dame zu dem jungen Mädchen, »mich friert, heize ein wenig ein und gib mir meinen Schal.«

Adelaide ging in eine Kammer, die an das Wohnzimmer stieß, und in der sie ohne Zweifel schlief. Als sie zurückkehrte, übergab sie ihrer Mutter einen Schal von Kaschmir, der, als er noch neu war, für eine Königin nicht zu schlecht gewesen sein mochte. Hippolyt erinnerte sich nicht, je so reiche Farben, ein so vollendetes Muster gesehen zu haben, wie in diesem schönen Gewebe, allein der Schal war nun alt, hatte seine Frische verloren, war voll geschickt eingesetzter Flicken und harmonierte vollkommen mit dem übrigen Gerät. Frau Leseigneur hüllte sich kunstvoll hinein und in einer Art, die bewies, dass sie wirklich friere. Das junge Mädchen eilte darauf schnell in das »Kapernaum« und kehrte mit einer Handvoll Späne zurück, die sie in den Kamin warf, um die erloschenen Brände wieder anzufachen.

Es würde eine schwierige Aufgabe sein, die Unterhaltung wiederzugeben, die zwischen den drei Personen stattfand. Geleitet durch jenen Takt, den man fast stets durch Leiden erlangt, unter denen man von

Kindheit an geseufzt hat, erlaubte sich Hippolyt nicht die geringste Bemerkung bezüglich der Lage seiner beiden Nachbarinnen, während er allenthalben die Kennzeichen einer großen und schlecht verhehlten Dürftigkeit erblickte. Auch die einfachste Frage würde unbescheiden gewesen sein und hätte nur einem alten Freunde verziehen werden können. Dennoch wurde der Maler sehr von diesem verborgenen Elend gerührt, sein edelmütiges Herz litt darunter; aber er wusste, dass auch das freundschaftlichste Mitleid beleidigend sein kann, und fand sich daher durch den Missklang beengt, der zwischen seinen Gedanken und seinen Worten bestand. Die beiden Damen errieten gar leicht die geheime Verlegenheit, die durch einen ersten Besuch veranlasst wird, vielleicht, weil sie dieselbe mitfühlen und die Natur ihres Geistes ihnen tausend Hilfsquellen gewährt, um jene Verlegenheit aufzuheben. Adelaide und ihre Mutter fragten den jungen Mann nach dem materiellen Verfahren seiner Kunst und nach seinen Studien, indem sie ihn allmählich zum Sprechen aufzumuntern suchten. Die Nichtigkeit ihrer von Wohlwollen beseelten Unterhaltung führte ohne Zwang dahin, dass er Bemerkungen und Reflexionen machte, die die Beschaffenheit seiner Sitten und seiner Seele verrieten.

Die alte Dame mochte einmal schön gewesen sein, allein ein geheimer Kummer hatte ihr Antlitz vor der Zeit welken lassen, sodass ihr nur noch die hervorspringenden Züge, die Umrisse, kurz, das Skelett einer Physiognomie übrig geblieben war, deren Gesamtheit auf eine große Feinheit deutete, während besonders das Spiel der Augen viel Anmut und jenen Ausdruck zeigte, der den Damen des alten französischen Hofes eigentümlich ist, und den man durch Worte nicht zu beschreiben vermag. Allein die Gesamtheit dieser feinen und hervortretenden Züge konnte ebenso gut schlechte Gesinnung verraten, weibliche List und Schlauheit, selbst einen hohen Grad der Verdorbenheit vermuten lassen, als die Zartheit einer schönen Seele offenbaren. Der gewöhnliche Beobachter gerät vor weiblichen Gesichtern oft in Verlegenheit und weiß die Offenheit von der Verstellung, das Talent der Intrige von der Herzlichkeit nicht zu unterscheiden. Man muss die fast unmerklichen Nuancen zu erraten wissen. Es ist bald eine mehr oder weniger gekrümmte Linie, bald ein mehr oder weniger ausgehöhltes Grübchen, eine mehr oder weniger gewölbte oder hervorspringende Biegung, die man zu würdigen suchen muss; die Augen allein können uns das entdecken lassen, was ein jeder zu verstecken sucht, und die Wissenschaft des Beobachters liegt in der schnellen Wahrnehmungskraft seines Blickes. Es ging demnach mit dem Antlitz der alten Dame wie mit der Wohnung, die sie innehatte; es schien ebenso schwierig zu durchblicken, ob dieses Elend Laster berge oder eine hohe Rechtschaffenheit, sowie es schwierig war, zu erkennen, ob Adelaides Mutter eine alte Kokette sei, gewöhnt, alles zu erwägen, alles zu berechnen, alles zu verkaufen, oder ein liebendes und schwaches Weib, voll Anmut und Zartgefühl. In jenem Alter, in dem Hippolyt Schinner stand, glaubt man aber am liebsten an das Gute, und er glaubte daher gewissermaßen den angenehmen und bescheidenen Duft der Tugend einzuatmen, indem er Adelaides Stirn sah und in ihre Augen blickte, die voll Herz und Geist waren. Während der Unterhaltung ergriff er die Gelegenheit, von den Porträts im Allgemeinen zu sprechen, um dann zu dem schrecklichen Pastellgemälde übergehen zu können, von dem die Farben größtenteils abgefallen waren.

»Sie lieben diese Malerei wohl wegen der Ähnlichkeit, meine Damen, denn die Zeichnung selbst ist schauderhaft ...«, sagte er mit einem Blick auf Adelaide.

»Es ist in Kalkutta gemalt, und zwar in großer Eile!«, antwortete die Mutter mit bewegter Stimme. Dann betrachtete sie die formlose Skizze mit jener tiefen Versunkenheit, die die plötzliche Erinnerung an ein Glück verrät, das wohltuend für das Herz gewesen ist, wie der Tau des Morgens für die Blumen des Sommers. Zugleich lagen aber in dem Ausdruck, den die Züge der alten Dame zeigten, die Spuren einer tiefen Trauer; wenigstens glaubte sich der Maler die Haltung und das Aussehen seiner Nachbarin so erklären zu müssen. Er setzte sich neben sie und sagte mit freundschaftlicher Stimme: »Meine Dame, noch kurze Zeit, und die Farben dieses Pastellbildes werden verschwunden sein. Das Porträt wird bald nur noch in Ihrer Erinnerung bestehen, und wo Sie geliebte Züge erblickten, werden andere nichts mehr wahrnehmen können. Wollen Sie mir erlauben, dieses Bild auf die Leinwand zu übertragen? So wird es dauerhafter sein, als auf Papier ... Gewähren Sie mir, als ihrem Nachbar, die Gunst, Ihnen diesen Dienst zu leisten. Es gibt Stunden, während deren ein Künstler sich gern von seinen großen Kompositionen erholt und dagegen eine einfachere Arbeit vornimmt. Es wird eine Zerstreuung für mich sein, dieses Bild zu malen.«

Die alte Dame wurde lebhaft bewegt durch diese Worte, und Adelaide warf dem Maler einen jener verstohlenen Blicke zu, in denen sich das ganze Herz widerzuspiegeln scheint.

Hippolyt wollte auf irgendeine Weise mit seinen beiden Nachbarinnen in Verbindung treten und das Recht erlangen, an ihrem Leben teilzunehmen. Das Einzige aber, was er tun konnte, war jenes Anerbieten; es befriedigte seinen Künstlerstolz und hatte nichts Verletzendes für die beiden Damen. – Frau Leseigneur nahm das Anerbieten an.

»Es scheint mir«, sagte Hippolyt, »als ob die Uniform auf einen Marineoffizier deutete?«

»Ja«, antwortete sie, »es ist die Uniform der Schiffskapitäne. Herr von Rouville, mein Mann, starb in Batavia an den Folgen einer Wunde, die er in einem Gefecht mit einem englischen Schiffe erhielt, dem er an Asiens Küsten begegnete. Er befehligte eine Fregatte von sechzig Kanonen, während die Revenge ein Schiff mit sechsundneunzig Kanonen war. Der Kampf war demnach sehr ungleich, aber Herr von Rouville verteidigte sich so mutig, dass er sich bis zum Eintritt der Nacht halten konnte, worauf er seinem Feind durch die Flucht entging. Als ich nach Frankreich zurückkehrte, war Bonaparte nicht mehr im Besitz der Macht, und man verweigerte mir eine Pension. Als ich abermals um eine solche nachsuchte, entgegnete mir der Minister mit Härte, dass der Baron von Rouville noch leben und ohne Zweifel Konteradmiral sein würde, wenn er emigriert wäre. Ich hätte jene demütigenden Schritte gar nicht getan, hätte ich nicht um meiner armen Adelaide willen sie zu tun müssen geglaubt, und wäre ich nicht von meinen Freunden dazu veranlasst worden. Was mich betrifft, so widerstrebte es mir stets, meine Hand auszustrecken und mich dabei auf einen Schmerz zu berufen, der einer Gattin weder Kraft noch Worte lassen kann. Ich hasse diesen Geldlohn für untadelhaft vergossenes Blut …«

»Meine Mutter, diese Erinnerung erschüttert Dich …« Nach dieser Bemerkung ihrer Tochter neigte die Baronin von Rouville ihr Haupt und schwieg.

»Mein Herr«, sagte das junge Mädchen zu Hippolyt, »ich glaubte, die Arbeiten der Maler seien im Allgemeinen wenig geräuschvoll … Sie scheinen aber …«

Schinner errötete bei diesen Worten und lächelte; Adelaide endete aber ihre Bemerkung nicht und ersparte ihm eine Lüge, indem sie sich bei dem Rollen einer Kutsche, die vor der Türe anhielt, rasch erhob. Sie ging in ihre Kammer und kehrte sogleich mit zwei vergoldeten Leuchtern zurück, deren Kerzen sie schnell anzündete. Die Lampe stellte sie darauf in das Vorzimmer und öffnete sofort die Tür, ohne erst zu warten, dass die Klingel gezogen werde. Hippolyt hörte darauf einen Kuss empfangen und erwidern, und empfand einen peinlichen Schmerz. Der junge Mann erwartete mit Ungeduld den zu erblicken, der Adelaide so vertraulich behandelte; allein die Angekommenen unterhielten sich erst leise mit dem jungen Mädchen. Das Gespräch kam ihm zu lang vor. Endlich erschien sie wieder, und ihr folgten zwei Manier, deren Anzug, Physiognomie und Aussehen eine ganze Geschichte enthielten.

Der erstere mochte etwa sechzig Jahre alt sein und trug eines jener Kleider, die unter der Regierung Ludwig XVIII. erfunden wurden, und in denen der Schneider, der die Unsterblichkeit verdiente, das schwierigste Kleidungsproblem gelöst hatte. Dieser Meister verstand sich gewiss auf die Kunst der Übergänge, da jene so politisch bewegte Zeit überhaupt eine Zeit der Übergänge war. Jedes Mal aber müssen wir demjenigen ein seltenes Verdienst zuerkennen, der seine Zeit zu beurteilen versteht. Jenes Gewand, an dessen Schnitt sich noch mancher in unserer Zeit erinnert, war weder bürgerlich noch militärisch, konnte aber nach dem Bedürfnis abwechselnd für bürgerlich und für militärisch gelten. Lilien waren auf die Umschläge der beiden Schöße gestickt, die vergoldeten Knöpfe waren gleichfalls mit Lilien geschmückt, und auf den Schultern erblickte man Knöpfe, um die Epauletten zu befestigen. Hose und Rock des Greises waren von königsblauem Tuche, und in dem Knopfloch erblickte man ein Ludwigskreuz. Das entblößte Haupt des Greises war gepudert, und in der Hand trug er einen dreieckigen Hut. Übrigens schien er noch so rüstig wie ein Fünfziger und sich einer kräftigen Gesundheit zu erfreuen. Seine Züge deuteten gleichzeitig auf den gesetzten und offenen Charakter der alten Emigranten und auf die freien und leichten Sitten, auf die heitern und sorglosen Leidenschaften jener Musketiere, die vordem in den Jahrbüchern der Galanterie so berühmt waren. Seine Bewegungen, sein Benehmen deuteten darauf, dass er den Ansprüchen seiner Jugend noch nicht entsagt habe und entschlossen sei, weder von seinem Royalismus abzulassen, noch von seiner Religion und seiner Neigung zu Liebeshändeln.

Ihm folgte eine ganz fantastische Gestalt, die man in den Vordergrund des Gemäldes heben müsste, um sie richtig zu schildern, die jedoch nur eine Nebenrolle spielt. Man denke sich eine trockene und hagere Person, ebenso gekleidet wie ersterer, aber gewissermaßen nur als dessen Widerschein, oder, wenn man lieber will, als dessen Schatten auftretend. Der Rock, der bei jenem neu war, erschien bei diesem abgenutzt, der Puder in den Haaren weniger weiß, die goldenen Lilien weniger glänzend, der Verstand schwächer, das Leben dem Endziel näher gerückt. Kurz, er verwirklichte auf bewundernswürdige Weise Rivarols witzigen Ausspruch in Bezug auf Champcenetz: »Er ist mein Mondschein!« Er war nur Doppelgänger des andern, aber blass und arm, und zwischen beiden war ein Unterschied, wie zwischen dem ersten und dem letzten Abzuge einer Lithografie. Dieser stumme Greis war ein Geheimnis für den Maler und blieb auch ein solches, denn er sprach nicht und niemand sprach von ihm. War er ein Freund, ein armer Verwandter, ein Mann, der bei dem alten Stutzer blieb, wie ein Gesellschaftsfräulein bei einer alten Dame? War er ein Mittelding zwischen Hund, Papagei und Freund? Hatte er das Vermögen oder auch nur das Leben seines Wohltäters gerettet? War er der Trim eines neuen Kapitän Toby? An anderen Orten, als bei der Baronin von Rouville erregte er stets Neugierde, ohne sie je zu befriedigen.

Der Mann, der von den beiden Ruinen am besten erhalten war, ging höflich auf die Baronin von Rouville zu, küsste ihre Hand und setzte sich an ihre Seite; der andere begrüßte dieselbe und setzte sich dann neben sein Vorbild. Adelaide stützte ihre Ellenbogen auf die Rückenlehne des Stuhles, den der alte Edelmann eingenommen hatte, und ahmte so, ohne es zu wissen, die Stellung nach, die Guérin auf seinem berühmten Gemälde der Schwester Didos gegeben hat. Die Vertraulichkeit des Edelmanns war die eines Bruders, und er nahm sich gewisse Freiheiten gegen Adelaide heraus, die dem jungen Mädchen für den Augenblick zu missfallen schienen.

»Nun, Du schmollst wohl mit mir?«, fragte er.

Dann warf er während seines weiteren Gesprächs auf Hippolyt Schinner jene schlauen und feinen Seitenblicke, die echt diplomatische Blicke sind, und deren Ausdruck stets eine kluge Besorgnis verrät.

»Sie sehen hier unsern Nachbarn«, sagte die alte Dame, indem sie auf Hippolyt Schinner deutete. »Der Herr ist ein bekannter Maler, dessen Namen Ihnen trotz Ihrer Gleichgültigkeit gegen die Künste bekannt sein muss.«

Der Edelmann erkannte die Bosheit seiner alten Freundin darin, dass sie den Namen verschwieg, und begrüßte den jungen Mann.

»Gewiss!«, sagte er, »ich habe schon viel von Ihren Gemälden sprechen gehört ... Das Talent hat schöne Vorrechte, mein Herr«, fuhr er dann fort, während er auf Hippolyts rotes Band blickte, »und diese Auszeichnung, die wir durch unser Blut und lange Dienstzeit erwerben müssen, erlangen Sie schon in der Jugend … Allein die Arten des Ruhms sind Schwestern.« Der Edelmann fasste dabei an sein Kreuz des heiligen Ludwig.

Hippolyt stotterte einige Worte des Danks und schwieg dann wieder, indem er sich begnügte, mit einer stets wachsenden Begeisterung den schönen jungfräulichen Kopf zu betrachten, der ihn entzückte. Bald versenkte er sich ganz und gar in diese Betrachtung und vergaß das tiefe Elend, das durch die Wohnung angedeutet wurde, denn für ihn war Adelaides Antlitz von einer leuchtenden Atmosphäre umgeben. Er antwortete kurz auf die Fragen, die an ihn gerichtet wurden und die er glücklicherweise hörte, denn es ist eine eigentümliche Fähigkeit unseres Geistes, dass er sich bisweilen gewissermaßen verdoppeln kann. Wem ist es nicht schon vorgekommen, dass er in ein angenehmes oder trauriges Nachdenken versunken, die Stimme seines Innern hörte und doch zu gleicher Zeit an einer Unterhaltung teilnahm oder ein Buch las? Es ist das ein wundersamer Dualismus, der oft dazu beiträgt, dass wir die Langweiligen mit mehr Geduld ertragen. Seine Hoffnung erfüllte ihn mit tausend Gedanken an das Glück, und er wollte nichts beobachten, was ihn umgab, denn er hatte noch ein kindliches und vertrauensvolles Herz.

Nach Verlauf einiger Zeit bemerkte er, dass die alte Dame und ihre Tochter mit dem alten Edelmann spielten. Der Trabant des Letzteren blieb seinem Stande als Schatten treu, stand hinter seinem Freunde, betrachtete dessen Spiel und antwortete auf die stummen Fragen, die der Spieler an ihn richtete, durch billigende Winke, die nur eine Wiederholung der fragenden Bewegung seiner doppelgängerischen Verkörperung waren.

»Ich verliere immer …!«, sagte der Edelmann.

»Sie werfen falsch ab …!«, antwortete die Baronin von Rouville.

»Seit drei Monaten habe ich Ihnen nicht eine einzige Partie abgewinnen können …«, sagte er.

»Haben Sie die Ass?«, fragte die alte Dame.

»Ja«, antwortete er.

»Soll ich Ihnen einen Rat geben?«, fragte Adelaide.

»Nein, nein …! Bleib mir gegenüber! Palsambleu! Ich verlöre zu viel, wenn ich dich nicht mehr vor mir sähe.«

Endlich war das Spiel beendet, der Edelmann zog seine Börse und warf zwei Louisdor auf den Tisch, während er nicht ohne einigen Unwillen sagte: »Vierzig Franken! Gerade zwei Louis...! Ha! Teufel! Es ist elf Uhr...!«

»Es ist elf Uhr...!«, wiederholte die stumme Person mit einem Blick auf Hippolyt Schinner.

Der junge Mann hörte diese Worte etwas deutlicher als alle übrigen und dachte, dass es Zeit sei, sich zu entfernen. Er kehrte nun in die Welt der gewöhnlichen Ideen zurück und fand einige Gemeinplätze, um wieder das Wort nehmen zu können, begrüßte die Baronin, ihre Tochter, die beiden Unbekannten und ging, während er nur an das erste Glück der wahren Liebe dachte, ohne dass er sich die kleinen Ereignisse zu erklären suchte, die während dieses Abends unter seinen Augen vorgegangen waren. Am folgenden Tage fühlte der junge Maler die heißeste Sehnsucht, Adelaide wiederzusehen, und wäre er seiner Leidenschaft gefolgt, so hätte er schon um 6 Uhr morgens, als er nach seiner Werkstatt eilte, seine Nachbarinnen besucht. Er besaß indes noch Vernunft genug, um den Nachmittag zu erwarten; sobald er aber glaubte, bei Frau von Rouville eintreten zu dürfen, eilte er die Treppe hinab, klingelte unter lautem Herzpochen und bat Fräulein Leseigneur, die ihm die Tür öffnete, schüchtern um das Bild des Barons von Rouville, während er errötete, wie ein junges Mädchen.

»Treten Sie doch ein!...«, sagte Adelaide zu ihm, die ohne Zweifel Hippolyt bereits die Treppe von seiner Werkstatt herabkommen gehört und ihm entgegengeeilt war. Der Maler folgte ihr, beschämt, außer Fassung, ohne zu wissen, was er sagen sollte, vollkommen verwirrt durch das Glück, Adelaide zu sehen, das Rauschen ihres Gewandes zu hören, nachdem er den ganzen Morgen gewünscht hatte, in ihrer Nähe zu sein, nachdem er sich hundertmal erhoben hatte, um hinabzueilen ... Das Herz besitzt die wunderbare Macht, auch den unbedeutendsten Dingen einen außerordentlichen Wert zu verleihen. Welche Freude ist es nicht für einen Reisenden, ein Kraut, ein unbekanntes Blatt zu finden, nachdem er sein ganzes Leben an eine solche Nachforschung gewagt hat! Ebenso verhält es sich mit den Nichtigkeiten in der Liebe!

Die alte Dame war nicht in dem Salon. Als das junge Mädchen mit dem Maler allein war, brachte es einen Stuhl, um das Bild herabzunehmen; als es aber bemerkte, dass es auf die Kommode treten müsse, um das

Bild von dem Nagel abzuhängen, wandte es sich an Hippolyt und sagte errötend:

»Ich bin nicht groß genug ... Hätten Sie vielleicht die Güte?«

Ein Gefühl der Scham, das sich im Ausdruck der Züge und im Ton der Stimme Adelaides verriet, war der wahre Grund ihrer Bitte; Hippolyt begriff sie und warf ihr einen jener verständigen Blicke zu, die die süßeste Sprache der Liebe sind. Adelaide sah, dass sie von dem Maler verstanden sei, und schlug daher ihre Augen mit einer Bewegung des Stolzes nieder, dessen Geheimnis allein die jungen Mädchen besitzen.

Der Maler fand kein Wort zu sagen, war fast eingeschüchtert und nahm das Gemälde herab, um es mit ernsten Blicken am Fenster zu betrachten. Dann ging er, ohne etwas anderes zu Fräulein Leseigneur zu sagen, als: »Ich werde es Ihnen bald wiederbringen.« Beide hatten während dieses flüchtigen Augenblicks eine von jenen lebhaften Herzensregungen gefühlt, deren Wirkung auf den Geist mit jener Bewegung verglichen werden kann, die ein Stein hervorbringt, den man in einen See wirft, die süßesten Gedanken entstehen und folgen einander, endlos, vielfach, ohne Ziel, und das Herz, ebenso erregt wie jene kreisförmigen Wellen, die sich noch lange auf der Oberfläche des Wassers zeigen und sämtlich von dem Punkte ausgehen, wo der Stein hineingeworfen ist.

Hippolyt Schinner kehrte mit dem Bilde in seine Werkstatt zurück. Dass eine Leinwand bereits auf der Staffelei lag, dass die Palette bereits mit Farben bedeckt war, dass er die Pinsel gereinigt, zurechtgelegt, und das richtige Tageslicht gewählt hatte, brauchen wir wohl nicht erst zu sagen. Bis zur Essenszeit arbeitete er an dem Bilde mit jenem Eifer, den die Künstler bei allen ihren Launen beweisen. Abends besuchte er wieder die Baronin von Rouville und blieb von neun bis elf Uhr; außer eine Abwechslung in den Gegenständen der Unterhaltung, glich dieser Abend in allem dem vorhergehenden. Die beiden alten Herren erschienen wieder zu derselben Stunde; es wurde abermals Pikett gespielt, dieselben Redensarten wurden von den Spielern ausgesprochen; selbst die verlorene Summe war die nämliche; nur war Hippolyt etwas kühner und wagte mit dem jungen Mädchen zu plaudern.

So vergingen acht Tage, während deren die Gefühle des Malers und Adelaides jene wonnigen und süßen Umbildungen erfuhren, durch die die Herzen zu einem vollkommenen Verständnis geführt werden. Der Blick, mit dem Adelaide den Maler empfing, wurde von Tag zu Tag inniger, vertrauensvoller, heiterer und offenherziger, ihre Stimme, ihr

Benehmen nahm etwas Vertrauliches und Inniges an. Beide lachten, plauderten, teilten sich ihre Gedanken mit und sprachen über sich selbst mit der Unschuld zweier Kinder, die in einem Tage mit ihrer Bekanntschaft soweit gediehen, als hätten sie einander seit drei Jahren gekannt. Hippolyt spielte Pikett, aber wie der Greis verlor auch er fast alle Partien. Ohne sich noch ihre Liebe gestanden zu haben, wussten die beiden Liebenden schon, dass sie einander angehörten. Hippolyt hatte mit Glück eine gewisse Macht über seine schüchterne Freundin erlangt und manche Zugeständnisse waren ihm durch Adelaide gemacht, die furchtsam und ergeben war, und durch jenes falsche Schmollen getäuscht wurde, dessen Geheimnis auch der am wenigsten gewandte Liebhaber, die kindlichste Jungfrau besitzt und fortwährend anwendet, gleich wie verhätschelte Kinder die Macht missbrauchen, die ihnen die Liebe ihrer Mütter verleiht. Jene Vertraulichkeit zwischen dem Edelmanne und Adelaide hörte infolgedessen auf. Das junge Mädchen hatte natürlicherweise die Traurigkeit des Malers erraten und alle die Gedanken, die in den Falten seiner Stirn verborgen waren oder sich verrieten durch den kurzen Ton der wenigen Worte, die er sprach, wenn der Greis ohne Umstände Adelaides Hände oder Hals küsste. Fräulein Leseigneur verlangte auch ihrerseits von ihrem Liebhaber eine strenge Rechenschaft über seine geringsten Handlungen. Sie war so unglücklich, so besorgt, wenn Hippolyt nicht kam; sie verstand so allerliebst zu zanken, dass der Maler seine Freunde nicht mehr besuchte und alle anderen Gesellschaften vermied. Adelaide ließ die dem weiblichen Geschlecht angeborene Eifersucht durchblicken, als sie erfuhr, dass Hippolyt, wenn er sich um elf Uhr von Frau von Rouville entfernte, bisweilen noch in den glänzendsten Salons von Paris Besuche abstattete. Anfangs gab sie vor, dass diese Lebensart für die Gesundheit nachteilig sei; dann fand sie Gelegenheit, ihm mit jener tiefen Überzeugung, der der Ton, das Benehmen und der Blick einer geliebten Person soviel Gewalt verleihen, zu sagen, »dass ein Mann, der verpflichtet sei, zwischen so vielen Frauen seine Zeit und die Anmut seines Geistes zu zersplittern, keiner wahrhaft innigen Zuneigung fähig sei«. Nun wurde Hippolyt sowohl durch den Despotismus der Leidenschaft, wie durch die Anforderungen des liebenden jungen Mädchens veranlasst, nur in dieser kleinen Wohnung zu leben, in der ihm alles gefiel. Kurz, nie gab es eine reinere und zugleich heißere Liebe. Von beiden Seiten wurde dasselbe Zutrauen, dasselbe Zartgefühl gezeigt, sodass diese jungfräuliche Leidenschaft ohne jene Opfer sich entwickelte, durch die sich viele

Leute ihre Liebe zu beweisen suchen. Es bestand zwischen ihnen ein beständiger Austausch süßer Gefühle, und sie wussten nicht, wer dabei mehr gab oder empfing; eine unwillkürliche Neigung verband ihre Herzen immer enger. Die Fortschritte dieses wahren Gefühls geschahen so schnell, dass schon zwanzig Tage nach dem Zufall, durch den Hippolyt seine junge Nachbarin kennengelernt hatte, ihr beiderseitiges Leben ein einziges geworden war. Vom frühen Morgen an, wenn das junge Mädchen die Schritte des Malers hörte, konnte es sagen: »Er ist in meiner Nähe!« Wenn Hippolyt um die Zeit des Mittagessens zu seiner Mutter zurückkehrte, so verfehlte er nie, seine Nachbarinnen zu begrüßen, und des Abends erschien er zu der gewöhnlichen Stunde mit einer Pünktlichkeit, wie sie nur ein Liebhaber zeigen kann. Ein Mädchen, das die höchsten Anforderungen in der Liebe stellt, hätte dem jungen Maler nicht den geringsten Vorwurf machen können. Adelaide genoss daher ein Glück ohne Trübung und ohne Grenzen, als sie das Ideal verwirklicht sah, das sich jedes junge Mädchen in ihrem Alter träumt.

Der alte Edelmann erschien jetzt weniger oft, und Hippolyt, der nicht mehr eifersüchtig auf ihn war, ersetzte ihn beim Spiel, aber auch mit stets gleichem Unglück.

Inmitten seines Glücks dachte er jedoch an die unangenehme Lage der Frau von Rouville, denn er hatte mehr als einen Beweis ihrer Armut erlangt, und vermochte daher einen unangenehmen Gedanken nicht zu verbannen; schon öfter hatte er beim Gehen gedacht: »Wie! Alle Abend zwanzig Franken!? ...« Er wagte indes nicht, sich einen so hässlichen Verdacht einzugestehen.

Hippolyt verwandte einen ganzen Monat auf die Vollendung des Bildes. Als es beendet, gefirnisst und eingerahmt war, betrachtete er es als eines seiner besten Werke. Die Baronin von Rouville hatte nicht wieder mit ihm darüber gesprochen. War es Sorglosigkeit oder Stolz? Der Maler wollte sich dieses Schweigen nicht erklären.

Er kam mit Adelaide dahin überein, dass er das Bild während der Abwesenheit der Frau von Rouville an seine Stelle hängen wolle. Es wurde dazu der achte Juli gewählt, und während eines Spazierganges, den die Mutter täglich nach den Tuilerien unternahm, begab sich Adelaide allein und zum ersten Male in Hippolyts Werkstatt, unter dem Vorwand, das Bild in der günstigen Beleuchtung zu sehen, in der es vollendet war. Sie blieb stumm und unbeweglich stehen und versank in eine wonnige Betrachtung, während der alle ihre weiblichen Gefühle in ein einziges verschmolzen, in die gerechte Bewunderung des geliebten Mannes. Als sich der Maler, beunruhigt durch dieses Schweigen, vorneigte, um dem jungen Mädchen ins Gesicht zu schauen, reichte sie ihm die Hand, ohne ein Wort sagen zu können; zwei Tränen rannen aus ihren Augen. Hippolyt ergriff ihre Hand und bedeckte sie mit Küssen. Einen Augenblick lang betrachteten sie sich schweigend, wollten sich ihre Liebe gestehen und wagten es dennoch nicht. Der Maler hatte Adelaides Hand in der seinigen behalten und erkannte aus der Gleichheit der Wärme und des Pulsschlages, dass ihre beiden Herzen gleich stark füreinander schlugen. Das junge Mädchen entfernte sich sanft von Hippolyt und sagte mit einem kindlichen Blick: »Sie werden meine Mutter sehr glücklich machen! …«

»Wie? Nur Ihre Mutter?«, fragte er.

»Oh! … Ich … ich bin es schon …«

Der Maler senkte seine Blicke und schwieg, erschreckt durch die Heftigkeit der Gefühle, die diese Worte in seinem Herzen erweckt hatten. Beide begriffen die Gefahr dieses Augenblicks und begaben sich daher hinunter, um das Bild an seinen Platz zu hängen.

Hippolyt speiste zum ersten Mal mit der Baronin und ihrer Tochter. Frau von Rouville war so gerührt, dass sie dem Maler hätte um den Hals fallen können. Abends erschien der alte Emigrierte, der ehemalige Kamerad des Barons von Rouville, der mit ihm auf brüderlichem Fuße gelebt hatte, und meldete seinen beiden Freundinnen, dass er zum Konteradmiral ernannt sei, da man ihm seine Landfahrten durch Deutschland und Russland als ebenso viele im Seedienst verlebte Jahre angerechnet habe. Als er das Bild sah, drückte er mit Herzlichkeit die Hand des Malers und sagte: »Meiner Treu! Obgleich mein alter Leichnam nicht der Mühe wert ist, für die Nachwelt aufbewahrt zu werden, so würde ich doch fünfhundert Louisdor geben, wenn ich mich ebenso getreu dargestellt sehen könnte, wie mein alter Rouville!«

Bei diesem Vorschlag blickte die Baronin ihren Freund an, lächelte und ließ auf ihrem Antlitz den Ausdruck eines Dankgefühls erscheinen. Hippolyt glaubte zu erraten, dass ihm der alte Admiral den Wert für beide Bilder geben wolle, indem er das seinige bezahlte, und antwortete, weil sich sein Künstlerstolz, sowie auch vielleicht seine Eifersucht bei diesem Gedanken empörte: »Mein Herr, wenn ich überhaupt Porträts malte, so würde ich dieses nicht gemacht haben …«

Der Admiral biss sich auf die Lippen und setzte sich an den Spieltisch. Hippolyt blieb der Adelaide, die ihm ebenfalls eine Partie vorschlug, was er auch annahm. Der Maler bemerkte bei Frau von Rouville einen Eifer für das Spiel, der ihn überraschte. Nie hatte sie so sehr den Wunsch gezeigt, zu gewinnen, und sie gewann. Während dieses Abends beunruhigte ein böser Verdacht den Maler, störte sein Glück und flößte ihm Misstrauen ein. Frau von Rouville lebte also vom Spiel. Spielte sie nicht in diesem Augenblick, um irgendeine Schuld abzutragen oder durch irgendeine Notwendigkeit gedrängt? Vielleicht hatte sie ihre Miete noch nicht bezahlt? Der Greis schien übrigens schlau genug zu sein, um sich nicht um nichts und wieder nichts sein Geld abnehmen zu lassen! Welches Interesse konnte den reichen Mann in dieses arme Haus führen? Warum war er ehedem so vertraulich gegen Adelaide, und warum hatte er so plötzlich den Vertraulichkeiten entsagt, die man sich vielfach von ihm hatte gefallen lassen musste? – Diese Gedanken kamen ihm unwillkürlich in den Sinn und veranlassten ihn, mit neuer Aufmerksamkeit den Greis und die Baronin zu beobachten. Ihre Blicke des Einverständnisses, die sie von der Seite auf Adelaide und ihn warfen, missfielen ihm. »Sollte man mich hintergehen?«, dachte Hippolyt, und es war das für ihn ein schrecklicher, ein verletzender Gedanke, den er trotzdem nicht verscheuchen konnte. Um vielleicht eine Gewissheit zu erlangen, blieb er bis zuletzt. Er hatte hundert Sous verloren und seine Börse gezogen, um Adelaide zu bezahlen. Doch von seinen peinigenden Gedanken überwältigt, legte er seine Börse auf den Tisch. Als er aus seinem Nachdenken wieder erwachte, schämte er sich über sein Schweigen, dachte aber nicht mehr an seine Börse, sondern erhob sich, antwortete auf eine gleichgültige Frage, die Frau von Rouville an ihn richtete, und trat ihr näher, um beim Sprechen ihre alten Züge besser prüfen zu können. Von einer peinigenden Ungewissheit ergriffen, entfernte er sich, doch war er kaum einige Stufen der Treppe hinabgeeilt, als er sich erinnerte, seine Börse auf dem Tisch liegen gelassen zu haben, und er kehrte zurück.

»Ich habe meine Börse bei Ihnen vergessen«, sagte er zu Adelaide. – »Nein ...«, antwortete sie errötend.

»Ich glaubte sie hier zu finden!« Er zeigte bei diesen Worten auf den Spieltisch, schämte sich aber im Herzen des jungen Mädchens und der Baronin, als er seine Börse nicht erblickte, und sah die beiden Frauen auf eine so verlegene Weise an, dass diese lachten. Dann erbleichte er und sagte: »Ach nein, ich habe mich getäuscht! ... Ich habe die Börse.«

Er empfahl sich und ging. In einem Abteil der Börse befanden sich dreihundert Franken in Gold und in dem anderen einige kleine Münzen. Der Diebstahl war so klar, auf eine so kecke Weise geleugnet, dass Hippolyt keinen Zweifel über die Moralität seiner Nachbarinnen mehr hegen konnte. Er blieb auf der Treppe stehen, stieg mit Mühe hinab, seine Beine zitterten, Schwindel ergriff ihn, kalter Schweiß trat ihm auf die Stirn, und er fühlte sich außerstande, zu gehen und die heftige Aufregung zu ertragen, die der Zusammenbruch aller seiner Hoffnungen in ihm hervorgerufen hatte.

Er erinnerte sich jetzt einer Menge von Beobachtungen, die anscheinend geringfügig waren, aber dennoch den schrecklichen Verdacht bestärkten, der ihn ergriffen hatte, und ihm die Augen in Bezug auf den Charakter und das Leben der beiden Frauen öffnete. Sie hatten also gewartet, bis das Bild beendet und übergeben war, ehe sie ihm die Börse raubten!? ...

Der Diebstahl erschien noch hässlicher, indem er sich als ein berechneter herausstellte. Der Maler erinnerte sich zu seinem Kummer, dass Adelaide schon seit zwei oder drei Abenden mit mädchenhafter Neugierde die kunstreiche Filetarbeit der abgenutzten seidenen Börse betrachtet habe; allein wahrscheinlich nur, um sich zu überzeugen, wie viel Geld in dem Beutel enthalten sei. Die anscheinend unschuldigen Scherze, die sie dabei machte, bezweckten wahrscheinlich nur, den Augenblick zu erspähen, wo die Summe groß genug sein würde, um eines Diebstahls wert zu sein. – »Der alte Admiral hat vielleicht seine guten Gründe, Adelaide nicht zu heiraten, und die Baronin wird daher versucht haben, mich ...« Er wollte eine Vermutung aussprechen, unterbrach sich aber und vollendete seinen Gedanken nicht, da derselbe zudem durch eine ganz richtige Betrachtung widerlegt wurde. »Wenn die Baronin«, dachte er nämlich, »mich mit ihrer Tochter hätte verheiraten wollen, so würde man mich nicht bestohlen haben ...« Um nicht ganz aus seinen Illusionen gerissen zu werden, versuchte dann seine Liebe, die bereits so tief eingewurzelt war, in einem Zufall irgendeine Rechtfertigung zu finden. »Meine Börse kann auf die Erde gefallen sein«, dachte er, »sie kann vielleicht auf meinem Stuhle liegen geblieben sein. Ich habe sie vielleicht in meiner Zerstreuung in die Tasche gesteckt ...« Und er durchsuchte hastig alle seine Taschen, fand aber nirgends die verwünschte Börse. Sein grausames Gedächtnis bestätigte ihm nur die betrübende Wahrheit. Er sah deutlich seine Börse auf dem Tische liegen, zweifelte nicht mehr an dem Diebstahl, entschuldigte aber dennoch Adelaide, indem er dachte, dass man Unglückliche nicht zu schnell richten dürfe, dass ohne Zweifel irgendein Geheimnis dieser dem Anschein nach ehrlosen Handlung zugrunde liege. Es wollte ihm nicht in den Sinn, dass ein so edles und stolzes Antlitz Lüge sein könne. Dennoch erschien ihm jetzt die armselige Wohnung als vollkommen entblößt von der Poesie der Liebe, die alles verschönert; er sah sie jetzt schmutzig, verwohnt, und betrachtete sie als die Darstellung eines Lebens ohne Adel, ohne edle Handlungen, denn unsere Gefühle sind gewissermaßen den Dingen aufgeprägt, die uns umgeben.

Am folgenden Morgen erhob er sich, ohne geschlafen zu haben. Der Schmerz seines Herzens, diese schwere moralische Krankheit, hatte furchtbare Fortschritte bei ihm gemacht. Ein geträumtes Glück zu verlieren, einer ganzen Zukunft zu entsagen, dies ist ein Leiden, bitterer als jedes andere, das durch den Untergang eines genossenen Glücks veranlasst wird, wie vollkommen dasselbe auch sein mochte. Die Gedanken, denen sich dann plötzlich unser Geist überlässt, gleichen einem Meer ohne Ufer, in dem unsere Liebe sich zwar einen Augenblick schwimmend erhalten kann, aber dennoch endlich untergehen und ertrinken muss. Das ist ein schrecklicher Tod: Sind nicht die Gefühle der glänzendste Teil unseres Lebens? Aus diesem teilweisen Tode entspringen bei gewissen zarten oder starken Konstitutionen die großen Verheerungen, die durch die Entzauberung durch getäuschte Hoffnungen und Leidenschaften hervorgebracht werden.

So ging es Hippolyt. Am frühen Morgen ging er aus und wandelte in dem kühlen Schatten der Tuilerien, während er in seine Gedanken versank und alles in der Welt vergaß. Ein Zufall, der gar nichts Ungewöhnliches hatte, ließ ihn einen seiner vertrautesten Freunde treffen, der auf dem Kollegium und in der Malschule sein Kamerad gewesen war, mit dem er vertrauter gelebt hatte, als man mit einem Bruder zu leben pflegt. »Was fehlt Dir?«, fragte Daniel Vallier, ein junger Bildhauer, der kürzlich den ersten Preis erlangt hatte und nächstens nach Italien reisen sollte. »Ich bin sehr unglücklich ...«, antwortete Hippolyt ernst.

»Nur eine Herzensangelegenheit kann Dich so sehr bekümmern, denn an Geld, Ruhm und Ansehen fehlt es Dir nicht.« Allmählich entspann sich ein vertrautes Gespräch, und der Maler gestand seine Liebe. Als Hippolyt von der Rue de Surèsne und von einem jungen Mädchen erzählte, das in einem vierten Stock wohnte, da rief Daniel mit ungewöhnlicher Heiterkeit aus: »Halt! Das ist das junge Mädchen, das ich jeden Morgen in der Assomption sehe und dem ich den Hof mache. Aber, mein Lieber, die kennen wir alle! Ihre Mutter ist eine Baronin! Glaubst Du denn an Baroninnen, die im vierten Stock wohnen? ... Brr! ... Du bist ein guter Junge, der noch im goldenen Zeitalter lebt! ... Wir sehen die alte Mutter alle Tage in dieser Allee; allein sie hat ein Antlitz und eine Haltung, die alles erraten lassen ... Wie, hast Du an der Art, wie sie ihren Strickbeutel hält, nicht schon erkannt, was sie ist?«

Die beiden Freunde lustwandelten lange Zeit, und mehrere junge Männer, die entweder Daniel oder Hippolyt kannten, gesellten sich zu ihnen. Der Bildhauer erzählte ihnen das Abenteuer des Malers, weil er es für sehr unwichtig hielt. Nun wurden Bemerkungen vorgebracht, Spötteleien wurden unschuldig und mit der ganzen Heiterkeit, die Künstlern eigen ist, zum Besten gegeben. Hippolyt litt furchtbar darunter. Er schämte sich, als er das Geheimnis seines Herzens so leichtsinnig behandelt, seine Liebe in Fetzen zerrissen sah, als er hörte, dass man ein junges unbekanntes Mädchen, dessen Leben ihm so bescheiden geschienen hatte, den rücksichtslosesten Beurteilungen unterwarf, mochten dieselben richtig sein oder falsch. Aus einem Gefühl des Widerspruchs verlangte er ernstlich von einem jeden Beweis für seine Behauptungen; doch gab dies nur Anlass zu neuen Spöttereien.

»Aber, mein Lieber, hast Du den Shawl der Baronin gesehen?«, fragte einer.

»Hast Du die Kleine gesehen, wenn sie des Morgens nach der Assomption geht?«, fragte ein anderer.

»Die Mutter besitzt unter anderen Tugenden auch ein gewisses graues Kleid, das ich als einen Typus betrachte.«

»Höre, Hippolyt ...«, sagte ein Kupferstecher, »komm um vier Uhr hierher und beobachte ein wenig den Gang der Mutter und der Tochter ... Wenn Du dann noch Zweifel hast ... nun, dann wird im Leben nichts aus Dir ... Du wärest fähig, die Tochter Deiner Türsteherin zu heiraten.«

Hippolyt wurde von den widerstreitendsten Gefühlen ergriffen und verließ seine Freunde. Adelaide erschien ihm über alle Anklagen erhaben, und er empfand im Innersten seines Herzens eine gewisse Reue, dass er an der Reinheit eines so schönen und einfachen jungen Mädchens gezweifelt habe. Er kehrte nach seiner Werkstatt zurück, ging an der Tür vor Adelaides Wohnung vorüber und fühlte einen inneren

Schmerz, hinsichtlich dessen sich kein Mann täuscht. Er liebte Fräulein von Rouville leidenschaftlich und betete sie selbst jetzt noch an, ungeachtet des Diebstahls seiner Börse. Seine Liebe war wie die des Chevaliers Desgrieux, der seine Geliebte selbst auf dem Karren, der die verlorenen Weiber in das Gefängnis fährt, noch bewunderte und für rein hielt.»Warum sollte sie nicht durch meine Liebe das reinste von allen weiblichen Wesen werden! ... Warum sollte ich sie dem Unglück und dem Laster überlassen, ohne ihr eine freundschaftliche Hand zu reichen!? ...« Diese Aufgabe gefiel ihm, denn die Liebe weiß alles zu benutzen, und nichts lockt einen jungen Mann mehr, als die Aussicht, bei einem jungen Mädchen die Rolle eines guten Engels spielen zu können. Es liegt etwas Romantisches in diesem Unternehmen, das empfindsamen Seelen so sehr gefällt. Es ist Aufopferung in ihrer erhabensten und anmutigsten Form; es liegt soviel geistige Größe darin, sich bewusst zu sein, dass man hinreichend liebt, um selbst da noch zu lieben, wo bei anderen die Liebe erlischt und stirbt!

Hippolyt begab sich in seine Werkstätte und betrachtete seine Gemälde, ohne daran zu arbeiten; er erblickte die Gestalten nur durch die Tränen, die ihm in die Augen traten, hielt fortwährend seinen Pinsel in der Hand und näherte sich der Leinwand, berührte sie aber nicht. Die Nacht überraschte ihn in seinen Träumereien; er eilte die Treppe hinab, begegnete dem alten Admiral, warf ihm einen finsteren Blick zu, während er ihn begrüßte, und eilte hinweg. Es war seine Absicht gewesen, bei seinen Nachbarinnen einzutreten, aber der Anblick von Adelaides Gönner ließ ihm das Herz erstarren und ihn seinen Entschluss aufgeben. Er fragte sich zum hundertsten Male, was den alten reichen Mann, der fünfzigtausend Livres Renten hatte, so unwiderstehlich in jenen vierten Stock ziehe, wo er alle Abende zehn bis zwanzig Franken verlor, und er erriet seinen Zweck.

An den folgenden Tagen widmete sich Hippolyt mit allem Eifer seinen Arbeiten, um durch diese und durch die Ablenkung seiner Fantasie auf einen anderen Gegenstand seine Leidenschaft zu bekämpfen. Seine Absicht gelang ihm zur Hälfte; die Arbeiten trösteten ihn, vermochten aber die Erinnerung an so viele glückliche Stunden, die er neben Adelaide verlebt hatte, nicht zu verbannen. Als er an einem der nächsten Abende seine Werkstatt verließ, fand er die Tür zu der Wohnung der beiden Damen halb geöffnet.

Eine weibliche Gestalt stand in der Brüstung des Fensters, und er konnte nicht vorübergehen, ohne von Adelaide gesehen zu werden. Er begrüßte sie kalt und warf ihr einen gleichgültigen Blick zu, schloss dann aber von seinem Kummer auf den des jungen Mädchens und fühlte eine heftige Rührung, als er die ganze Bitterkeit erwog, die sein Blick und seine Kälte in einem liebenden Herzen hervorbringen mussten.

Eine Wonne, wie die beiden sie genossen, durch so tiefe Vernachlässigung, durch so tiefe Verachtung zu krönen, das war in der Tat ein schreckliches Ende!

Vielleicht hatten sie die Börse wiedergefunden, vielleicht hatte Adelaide an jenem Abend ihren Freund erwartet! Dieser Gedanke, der so einfach und natürlich war, erweckte bei Hippolyt eine neue Reue, und er fragte sich, ob die Beweise von Zartgefühl und Anhänglichkeit, die ihm das Mädchen gegeben hatte, ob die reizenden und liebevollen Plaudereien, die ihn entzückt hatten, nicht wenigstens eine Frage, eine Rechtfertigung verdienten. Er schämte sich, eine ganze Woche lang den Wünschen seines Herzens widerstanden zu haben, betrachtete sich fast als den schuldigen Teil und begab sich noch an demselben Abend zu Frau von Rouville. Sein ganzer Verdacht, alle seine bösen Gedanken entschwanden bei dem Anblick des jungen Mädchens, das bleich und abgehärmt erschien.

»Was fehlt Ihnen?«, fragte er, nachdem er die Baronin begrüßt hatte. Adelaide antwortete ihm nicht, sondern richtete nur einen schwermutsvollen, traurigen und entmutigten Blick auf ihn, der ihm wehe tat.

»Sie haben ohne Zweifel viel gearbeitet?«, fragte die alte Dame; »Sie haben sich sehr verändert, und wir sind gewiss die Ursache, weshalb Sie sich jetzt so beständig in Ihrer Werkstätte einschließen. Das für uns gemalte Bild hat wahrscheinlich einige Arbeiten verzögert, die für Ihren Ruf von Wichtigkeit sind.«

Hippolyt freute sich, eine so schöne Entschuldigung seiner Unhöflichkeit zu finden. »Ja«, antwortete er, »ich bin sehr fleißig gewesen, aber ich habe auch viel gelitten ...« Bei diesen Worten erhob Adelaide den Kopf und blickte Hippolyt an; ihre Augen drückten nur noch Sorge aus, aber keinen Vorwurf mehr.

»Haben Sie denn gedacht, wir wären so gleichgültig gegen Ihr Glück oder Ihr Unglück?«, fragte die alte Dame.

»Ich habe unrecht gehabt!«, versetzte Hippolyt; »aber dennoch gibt es Leiden, die man nicht mitzuteilen wagt, selbst dann nicht, wenn die Freundschaft bereits älter ist als die unsrige.«

»Aufrichtigkeit und Stärke der Freundschaft dürfen nicht nach der Dauer der Zeit gemessen werden. Es gibt alte Freunde, von denen der eine nicht einmal eine Träne für das Unglück des andern hat«, sagte die Baronin.

»Aber was fehlt Ihnen?«, wandte sich Hippolyt an Adelaide.

»Oh, gar nichts«, antwortete die Mutter. »Sie hat einige Nächte bei einer weiblichen Arbeit gesessen und nicht auf mich hören wollen, obgleich ich ihr sagte, dass es auf einen Tag mehr oder weniger nicht ankomme.«

Hippolyt verlor sich abermals in wunderlichen Gedanken. Wenn er diese edlen und ruhigen Züge betrachtete, so musste er über seinen Verdacht erröten und den Verlust seiner Börse irgendeinem unbekannten Zufall zuschreiben.

Dieser Abend war ein köstlicher für ihn, und vielleicht auch für Adelaide. Es gibt Geheimnisse, die jugendliche Herzen so leicht erraten; das junge Mädchen erriet jedenfalls die Gedanken des Malers. Der Maler dagegen erriet die Gedanken des Mädchens, kehrte liebevoller und freundlicher zu seiner Geliebten zurück und suchte sich eine stillschweigende Verzeihung zu erwerben. Adelaide genoss dagegen so vollkommene, so süße Freuden, dass es ihr schien, als habe sie dieselben nicht zu teuer durch das Unglück erkauft, das ihre Liebe so grausam verletzt hatte. Dieser so aufrichtige Einklang ihrer Herzen, dieses zauberische gegenseitige Verständnis wurde dennoch durch eine Bemerkung der Baronin von Rouville gestört.

»Lassen Sie uns ein Spielchen machen«, sagte sie zu Hippolyt.

Diese Worte erweckten alle Befürchtungen des jungen Mannes von Neuem. Er errötete, während er Adelaides Mutter anblickte, bemerkte aber auf ihrem Antlitz nur den Ausdruck einer untrüglichen Herzensgüte. Er setzte sich an den Spieltisch, und Adelaide wollte mit ihm in Gemeinschaft spielen, indem sie vorgab, dass er das Pikett nicht verstehe und daher eines Partners bedürfe. Frau von Rouville und ihre Tochter gaben sich während des Spieles Zeichen des Einverständnisses, die Hippolyt umsomehr beunruhigten, da er der gewinnende Teil war; zuletzt aber wurden die beiden Liebenden Schuldner der Baronin, und der Maler hob seine Hand empor, um Geld aus seiner Tasche zu nehmen. Da sah er plötzlich eine Börse vor sich, die Adelaide dort hingelegt hatte, ohne dass er es bemerkte; sie aber hielt seine alte Börse in der Hand und nahm Geld daraus, um ihre Mutter zu bezahlen. Hippolyt fühlte, wie ihm alles Blut zum Herzen strömte und er nahe daran war, das Bewusstsein zu verlieren. Die neue Börse, die ihm anstatt der alten gegeben war, enthielt sein Geld; sie war mit Goldperlen durchwirkt, und alles an derselben war ein Beweis von Adelaides gutem Geschmack. Es war dies ein entzückender Dank des jungen Mädchens. Es war unmöglich, auf eine zartere Weise zu erkennen zu geben, dass das Geschenk des Malers nur durch ein Pfand der Zärtlichkeit belohnt werden könne. Als Hippolyt im Übermaß seines Glückes seine Augen auf Adelaide und die Baronin richtete, sah er beide vor Freude zittern und befriedigt, dass ihnen ihr Betrug so schön gelungen war. Nun fand er sich selbst kleinlich, verächtlich, albern und hätte sich strafen mögen; aber ein paar Tränen traten ihm in die Augen, unwiderstehlich zwang ihn sein Herz, sich zu erheben, Adelaide in seine Arme zu nehmen, an seine Brust zu drücken, ihr einen Kuss zu rauben und dann mit der Aufrichtigkeit eines Künstlers zu der Baronin zu sagen: »Ich erbitte sie mir zur Gattin«.

Adelaide warf dem Maler einen halb zürnenden Blick zu, und Frau von Rouville suchte in ihrer Bestürzung nach einer Antwort, als diese Szene durch ein plötzliches Klingeln unterbrochen wurde. Der alte Admiral erschien, gefolgt von seinem Schatten und von Frau Schinner.

Hippolyts Mutter hatte den Grund des Kummers erraten, den ihr Sohn ihr vergebens zu verbergen suchte, und bei einigen ihrer Freunde Erkundigungen über das junge Mädchen, das er liebte, eingezogen. Als sie dann in gerechte Besorgnisse durch die Verleumdungen über Adelaide versetzt war, hatte sie dieselben auch dem alten Emigrierten mitgeteilt, der in seinem Zorne sagte, dass er »den Neidhammeln die Ohren abschneiden werde«. In seinem Zorneseifer verriet er Frau Schinner dann auch noch, dass er absichtlich beim Spiel verliere, weil der Stolz der Baronin es ihm nicht erlaube, sie auf andere Weise zu unterstützen.

Als Frau Schinner Frau von Rouville begrüßt hatte, blickte diese den Konteradmiral, Adelaide und Hippolyt an und sagte mit unaussprechlicher Herzensgüte: »Nun sind wir also heute Abend im Familienkreise.«